文庫
4

川北 稔

民衆の大英帝国

近世イギリス社会とアメリカ移民

岩波書店

目　次

序　近世イギリス民衆にとって、帝国とは何だったのか

イギリスが、工業化という人類史上未知の歴史過程に踏み込みはじめた一九世紀初頭、産業・社会事情の視察にこの国を訪れたフランスの社会学者デクタルは、「イギリスでは、［庶民でも］家族の一員が海外に出ていないというようなことはまずない」と驚嘆した。(1) 近代イギリス社会の展開を考える場合、このデクタルの観察は大きなヒントを与えてくれる。

世界で最初の工業化を準備した一八世紀イギリス社会は、政治的にも、経済的にも、文化的にも、ジェントルマン支配の貫徹した社会であった。しかも、そうしたジェントルマンのヘゲモニーは、多くの点で、この国の近代史のもうひとつの特質をなした帝国構造によって支えられてもいた。しかし、帝国＝植民地支配の構造に深いかかわ

りをもっていたのは、支配的なジェントルマン階級だけではなかった。むしろ、社会の最下層にいたるまで、ほとんどのイギリス人にとって帝国＝植民地の存在が、その生活によほど大きな影をおとしていたことを、デクタルの言葉は暗示している。したがって本書は、一七・八世紀イギリスの民衆にとって、折から進行しつつあった帝国――アメリカ、西インド諸島を中心とする、いわゆる「重商主義」帝国――の形成過程がどんな意味をもったかを、検討しようとするものである。

ジェントルマンないしそれに近い階層にとって植民地とは、致富の場であり、社会的上昇のステップであったが、食いつめた庶民にとってのそれは、換金作物を栽培するプランテーションのために圧倒的な労働需要をもつ移民の受入れ地として、最後の生存の機会そのものであり、貧しさゆえに犯罪に走った貧民にとっては、脱獄の困難な牢獄でもあった。厳しい修業に耐えられなかった徒弟や失職した農業労働者が、当面の糊口をしのごうとして海軍――いうまでもなく、それ自体、帝国形成の直接の手段として、急成長を遂げつつあった――に入ったとしても、当時の対仏戦争の多くが植民地で展開されたことからして、新世界に送られる可能性は高かったし、戦争が終われば彼らの多くは、浮浪者や犯罪者となったから、結局、強制的にアメリカに送られてしまうことも少なくなかった。両親に捨てられ、ロンドンの捨て子収容所で育てられた子供たちも、教区で育てられた貧民の子供たちも、アメリカに流れていった例が多い。

要するに、工業化に向かいつつあったイギリスは、そこで生じたほとんどあらゆる種類の社会問題を、新世界の植民地に掃き捨てることによって処理しようとしたともいえれば、食いつめた貧民の最後の拠り所が植民地であったということもできるのである。いずれにせよ、その際、中心的な役割を果たしたのは、年季奉公人の形態をとった移民であった。したがって、まずそこから検討をはじめ、そうしたタイプの移民を排出した当時のイギリス民衆の生活実態の特質をあきらかにしたい。

ここで年季(契約)奉公人というのは、いうまでもなく一七・八世紀にイギリスその他のヨーロッパ諸国から、渡航費や生活費をプロモーターに支弁してもらう代わりに、プランテーションでふつう四年間の強制的労働に従事することを約束して、アメリカに渡った移民たちのことである。こうしたタイプの移民は、植民地時代のアメリカへの移民の三分の二程度にも達したといわれるから、「アメリカ人」の最大の構成要素ともなるわけで、かねて主としてこの角度から、アメリカ人の研究者がこの問題に関心を持ってきたのは、当然といえよう。(ちなみに、一九世紀になると奴隷制の廃止にともなって、全地球的に、この形態の労働力移動が大規模に展開されるが、逆にアメリカ合衆国では姿を消すし、それが展開したカリブ海域などでも、労働の強制の度合いもかなり違ってくるので、E・ウィリアムズにならって、「契約労働者」とでも呼ぶ方が適切であろう。[2])他方、年季奉公人の問題は、その供給源であるヨーロッパ側、とくにイギリス・サイドからも取り上げられて当然なのだが、いわゆる社会史の流行現象があるにもかかわらず、イギリス人研究者の関心はそれほど高くはない。日本の学界に至っては、主としてアメリカ・サイドからの関心に基づく池本幸三氏の労作を除いて、[3]この問題についての本格的な論考はまずない。

したがって本書は、年季奉公人の問題をまず第一に、イギリス社会史の一環として眺めることを課題としている。すでにのべたようなこの時代のイギリスにおける社会問題の処理、ないしソシアル・コントロールの特徴的なあり方は、逆の方向からみると、庶民の生き方のそれでもある。とすれば、こうもいえる。すなわち、一七・八世紀のイギリスで通常のライフサイクルから脱落して「食いつめた」庶民の生きる道はいくつかに分かれていた。たとえば、売春や窃盗のごとき犯罪に走ること、都会に出て乞食、浮浪者となること、などがそれである。しかし、対蘭・対仏戦争を断続的に戦いながら世界帝国を形成しつつあったこの時代のイギリスの貧民には、他の地域や国には必ずしもひらかれてはいなかった、特有のコースがいくつか存在していたようにも思われる。すなわち、戦時には、いっきょに膨張する軍隊、とくに海軍に入ること、平時には「戦果」として獲得された植民地に移民する——つまり、年季奉公人になる——ことである。じじつ、兵卒の数と犯罪件数、さらには失業者数、移民数などのあいだには、相互に複雑な正または負の相関関係が認められる。「食いつめた」人びとが故郷を捨てるのは、歴史を通じてかなり一般的な現象ではあろう。しかし、たかだか一世紀半ほどの期間に数十万人があえて海を越え、不自由労働力となるということは、いつ、どこの社会にもあることではない。その意味で年季奉公人の問題は、一七・八世紀イギリス社会の歴史的特性を如実に示すはずの現象なのである。と同時にそれは、従属地域における砂糖や煙草のような主要換金作物の生産と、中核諸国の商人による貿易、およびその住民による消費を軸として、近代世界システムが本格的に展開し、イギリスがその中心的な位置に登りはじめた事実の反映でもあった。

年季奉公人の形態をとる移民の問題は、アングロ・アメリカ的世界の成立史を考えるうえでも、もちろん決定的に重要である。というのは、この点に関する伝統的な理解が——教科書的・通俗的なそれはいうに及ばず——あまりにもピューリタン的、ニューイングランド的な偏りをもっているように思われるからである。しかし、本書では、アメリカに渡ってからの年季奉公人にはほとんど議論が及ばないので、この点には深く立ち入ることはできないであろう。

ところで、年季奉公人にかんする史料は、大きく分類して六シリーズ、合計約二、三万人分が残存している(表0-1)。総数およそ三〇ないし四〇万人と推計される年季奉公人移民の五ないし一〇%である。人数からいえば、0-1のviのブリストル港から出た人びとの記録がいちばん多いが、0-1のiからivまでのロンドン港からのものが、史料の実質的な情報量は多い。また、0-1のvとviについては、マニュスクリプトにあたる機会がなかったこともあるので、以下、本書では、ミドルセックスを含むロンドンの四組の史料を基礎として、議論を展開する。ただし、あとのふたつの史料も刊行されたかたちでは手許にあるので、随時利用することになろう。

六つのシリーズのうち、0-1のivを除く五つのシリーズは、特別に設けられた登記所などで作成された年季契約証書そのもの、またはその記録であるが、0-1のiv

だけはまったく別の目的で実施された、大規模な出国者調査の報告書である。このふたつのタイプの史料の成立過程そのものの解説をすれば、年季奉公人移民をとりまく歴史的環境へのイントロダクションとしても意味があると思われるので、まず、そこから議論をはじめよう。

年季契約証書(表0-1のii・iii・v)

年季契約の登記所とは、いったん年季奉公人となることを申し出て出港日までの食と住を提供されながら、土壇場で「誘拐された」と申し出ることで、結局、渡航・労役を逃れるようなケースが目立ち、裁判沙汰が多くなったために、たまりかねたプロモーター(エイジェント)たちが望んで設立したものである。「誘拐屋(spirit)」が一七世紀イギリスの港町でいかに怖れられたかについてはのちに触れるが、いずれにせよ、ロンドンでは一六六四年九月に、ロジャー・ウィトリ(Roger Whitley)なる者が特許状を得て、最初の登記所がつくられた。しかし、このシステムはあまり成功せず、(4)一六八二年、ジャマイカ商人などの請願に応じた枢密院令によって、市長または治安判事などのまえで、成人の場合は本人が(同令第三項)、未成年とおぼしい場合は成人の

かんする史料

左の全部また一部の刊行史料	備　　考
M. Ghirelli, ed., *A List of Emigrants from England to America 1682-1692* (1968) M. J. Chandler, 'Emigrants from Britain to the Colonies of America and West Indies', *J. of Barbados Museum & Hist. Soc.*, XXXVI (1976).	父・母，証人の情報がくわしい. 878人
C. D. P. Nicholson ed., 'Some Early Emigrants to America', *Genealogists Magazine* (以下，*G.M.* と略す) vol. 12 no. 1〜vol. 13 no. 8, 1955-1960〔単行本としては 1955〕 J. Wareing, 'Some Early Emigrants to America 1683-1684: A Supplementary List,' *G.M.* vol. 18 no. 5 (1976)	812人 契約文書で，既製の4種のフォーム．ほんらい1000人分. 一部，U.S.A. と西インド諸島に流出
J. & M. Kaminkow, ed., *A List of Emigrants from England to America 1718-1759* (1964) D. Galenson, ed., 'Agreements to serve in America and West Indies', *G.M.* vol. 19 no. 2 (1979)	3,163人 孤児等について若干の情報あり.
G. Fothegill ed., *Emigrants from England 1773-1776* (1964) V. C. Cameron, *Emigrants from Scotland 1774-1775* (1965)	マニュスクリプトは，全世界むけの出国者調査．刊行史料は，そのうち，アメリカ西インド諸島関係のみ 年季奉公人は 3,359人(全港湾)
New England Historical and Genealogical Register vols. 64. & 65 (1910-11) 〔単行本としては 1969 年〕	1,443人
Bristol and America: A Record of the First Settlers in the Colonies of North America 1654-1685 (no date).	10,632人 (1)の後半からは，名前だけになる．はじめの方は，情報多し.

表 0-1　年季奉公人移民に

マニュスクリプト〔所在，整理番号〕	
i Lord Mayor's Waiting Book, vols. 13 & 14. 〔Corporation of London Record Office〕 1682-1695 年	⟶
ii 'Plantation Indentures' 〔Greater London Record Office〕(MR/E) 1683-1684 年	⟶
iii Memoranda of Agreements to serve in America and West Indies 〔Guildhall Lib.〕 1718-1759 年	⟶
iv Weekly Emigration Returns 〔P.R.O. Kew, T 47/9〜12〕 1773-1776 年	⟶
v Liverpool Records of Corporation of Liverpool, 10/1697-3/1707.	⟶
vi Bristol 9/1654〜6/1686. Bristol R.O. Bristol, 'Servants to Foreign Plantations' B.A.O　04220　(1) 〃　〃　(2)	⟶

証人が(第四項)、プロモーターと契約をかわす仕組みになった。この制度のもとで作成された契約書(一般に既成のフォームを用いた)が、この分類にはいる。フォームには、全文手書きの例外的なものを除いて三種類のパターンが確認されており、後述するように、そのことが年季奉公人の社会的出自を解きあかす、導きの糸となった。

この枢密院令は、法文冒頭で、状況を次のように説明している。すなわち、「俗にスピリットと呼ばれる野卑な連中が、国王陛下の多くの臣民を甘言によって船に誘い込み、暴力的に身柄を拘束して、アメリカ植民地に運んでしまうという報告」もあれば、「自ら彼の地における労役に志願し、支度金をせしめておきながら、土壇場になると、騙されて意志に反して連れ去られようとしていると称して、友人を介して訴訟にもちこむ……ぐうたら者も少なくない」(5)と。しかし、この方式でも、商人やプロモーターは安全とは言いにくかったので、一七一七年、著名な重商主義理論家G・ジーが中心となって議会制定法がつくられ、その立場がいっそう保護された。「強盗、夜盗、その他の重罪行為の防止を徹底し、重罪人および羊毛の密輸出業者の流刑をより効果的にするほか、海賊対策にも若干触れる法律」――以下、「囚人移送法」(6)または「重罪防止法」とよぶ――という、いささか奇妙な名称をもつこの法には、のちに

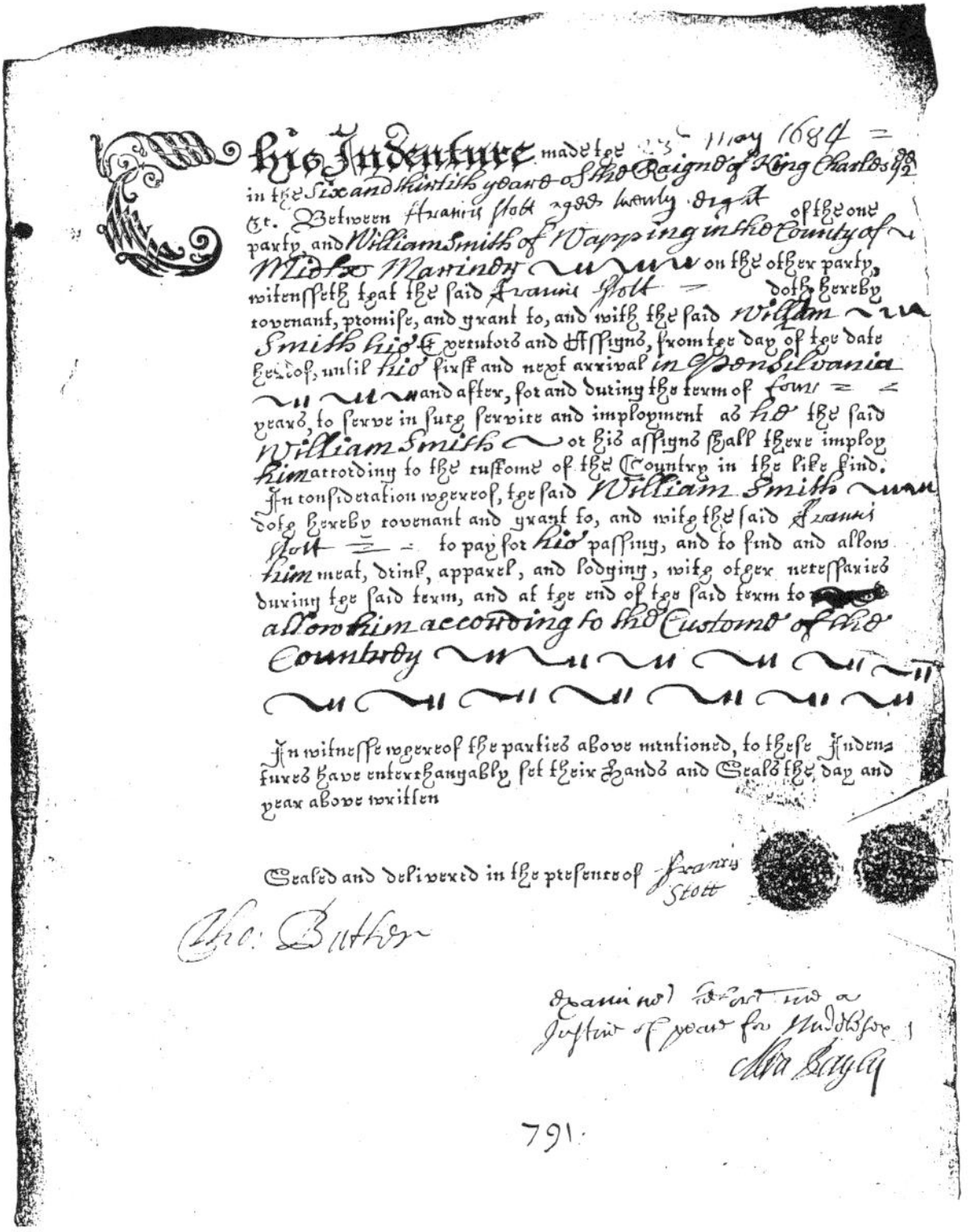
This Indenture made the 25 May 1684 = in the Six and thirtith yeare of the Raigne of King Charles the 2d &c. Between Francis Stott aged twenty eight of the one party, and William Smith of Wapping in the County of Midd'x Marriner on the other party, witnesseth that the said Francis Stott doth hereby covenant, promise, and grant to, and with the said William Smith his Executors and Assigns, from the day of the date hereof, until his first and next arrival in Pensilvania and after, for and during the term of four years, to serve in such service and imployment as he the said William Smith or his assigns shall there imploy him according to the custome of the Country in the like kind. In consideration whereof, the said William Smith doth hereby covenant and grant to, and with the said Francis Stott to pay for his passing, and to find and allow him meat, drink, apparel, and lodging, with other necessaries during the said term, and at the end of the said term to allow him according to the Custome of the Countrey

In witnesse whereof the parties above mentioned, to these Indentures have interchangably set their hands and Seals the day and year above written

Sealed and delivered in the presence of Francis Stott

Tho: Butler

Examined before me a Justice of peace for Middlesex

791

図 0-1　年季契約移民の契約書フォームの一例(ii)．比較的多くの情報を含むタイプのものである．

「強制された年季奉公人移民」としての囚人移送(流刑)を扱う際に、再度言及するが、史料の0-1のiiiが、本法施行後のデータである。同法第五条には、未成年者の年季奉公契約について、次のような規定がある。「二一歳未満の未成年で、ロンドン各地などをうろつき、職もなく……ともすると窃盗犯になりがちな、怠惰な人間が多数みられるにもかかわらず、また、彼ら自身、どこかアメリカの植民地にわたり、現地で奉公人となることを望んでいるかもしれないのに、彼らには契約能力がない。したがって、商人としても、彼らを移送し奉公人たらしめることは、安全なことではない。……それゆえ、以下のごとく定める。一五歳をこえ、二一歳未満の者がアメリカ植民地への移送を希望し、現地で奉公人となる意志を持っている場合には、商人その他何人たりとも、八年を越えない範囲で、こうした人びとと年季奉公人の契約をすることを合法とする」。この場合、契約者は成人と同じように、市長または治安判事のまえで契約をすることになっていたのである。したがって、結局、年季奉公人にかんする史料の大半は、商人や船長からなるプロモーターたちの安全を図るために作成された文書ということになる。

じじつ、植民地形成の初期には、かなりの「誘拐」があったようにもみえる。ほとんどフォークロア化したエピソードは、全国至る所に残っているが、ここでは確かな例を二、三あげておこう。一七世紀の中頃、船乗りになることを夢見つつ、父親の意志に抗しきれず、ロンドンに出て伯父のもとで飛脚の仕事をしていた貧しい農夫の子エドワード・バーローは、ロンドン橋を渡って家に帰る途中で、ひとりの男に接近された。「かれはわたしに『海へ行きたいか』と尋ねるので、『その通りだが、誰が連れていってくれるのか』と聞くと、相手は『自分が連れていってやるさ』といい、行き先はバルバドスで、自分は船医だということであった」。欣喜雀躍して帰宅したバーローは、伯父にそれが恐ろしい「スピリット」、つまり、年季奉公人を求める人さらいであると教えられ、驚くのである。バーローは、のちに海軍に入ってほとんど全世界を巡航し、この時代ではきわめて珍しい自伝を残した人物である。(7)

アイルランドでは、市の開催されている町で笛やドラムを使って年季奉公人移民の希望者を集めたという記録もあり、(8)幼い子供が犠牲になることも少なくなかったようである。スコットランドでも港町を中心に「誘拐」が行なわれたという伝承は、無数にある。とくに、一一歳のときにアバディーンで誘拐されて、一六ポンドでプランターに売られ、のちにインディアンのチョロキー族に捕まったが、数奇な運命を経て帰国できたというピーター・ウィリアムソンなる人物の手記が一七五八年に出版され、センセイションとなった。当局はこの手記を「焚書」処分に付したものの、噂はおさまらなかった。一九世紀末に書かれた歴史書でさえ、一七四〇年の飢饉を契機に多くの者が一シリング前後で売られたうえ、誘拐された者も数百人には達したはず、としている[9]。ウィリアムソンのインディアンにかんする話自体は、ジェイムズ・タウン建設にかかわるキャプテン、ジョン・スミスの「ポカホンタス」伝説や、コロンブスより遥か以前に、一族を率いて新大陸に渡ったという北ウェールズの王子とその子孫にかんする「マドック伝説」と相通じるものがあり、眉唾というべきであろう。

とくに一七四〇年には『ジェントルマンズ・マガジン』誌が、インディアンに捕まり、マドックの子孫に救けられたと称するモーガン・ジョーンズの手紙なるものを掲載しているので、おそらくはそこから連想された作り話であろう。しかし、移民にかかわる話題が、いわゆる「ジプシー」にまつわるそれと同じく、このようにつねに「誘拐」の伝説やエピソードと結びついていたことには、注目しておきたい[10]。

年季契約の公的記録（表0-1のi・vi）

こうして、年季奉公人契約は、特許状によって権利を得た特定の登記所、または市当局者の面前で行なわれるのが普通であったので、契約書そのものの他に、市当局の文書にもその記録が残されることになった。ブリストル市文書(vi)とロンドン市長の公日誌(i)が、その例である。二巻からなり、もっとも初期の、人数も断然多い前者の史料では、その第二巻のタイトルページに、「海外へ子供を誘拐することを仕事にしている者がいるので警戒せよ」という一六四五年の議会の命令が書き込まれており、次のページには、一六五四年のブリストル市議会の指令が転写されている。この指令は、誘拐の苦情が絶えないことから、すべての年季奉公人契約は Tolzey Book とよばれる公日誌に登録しなければならない、と規定しているのである。違反したプロモーターには罰金二〇ポンドが科され、その四分の一は通報者に、残りは救貧に活用される決まりであった。この前年、ロバート・ブルームなる一一歳の少年が「スピリット」されて船に乗せられてしまい、両親の訴えでようやく解放されるという事件があったことが、このような政策が採用された最大の契機をなしたと思われる。ただし、この史料そのものは、後半になるとひどく簡略なものになり、一人ひとりについての情報量が局限されている。このため史料の解釈上、問題になる点もすくなくない。

出国者調査報告(表0-1のiv)

一八世紀までのイギリスで大規模な出国者調査が行なわれた時期は、確認できる限り二度あったように思われる。ひとつは、一六三五年の国王布告にもとづいてなされた調査であり、いまひとつは、ここでとりあげるアメリカ独立戦争直前の数年間にかんするものである。出・入国管理の問題は、近代国家成立のひとつの指標として、きわめて重要な意味を持っていると思われるが、イギリス近世史にかんしては、管見のかぎりでは研究はほとんどない。ともあれ、近世においては、一六〇六年の「教皇派国教忌避者の発見及び抑圧を容易にする法」[11]によって、カトリックの有力者の国外脱出を防ごうとしたのが、本格的な出国管理の始まりといって大過あるまい。ついで、一六三五年の布告[12]では、「兵士、船員、商人、その代理人、徒弟以外のいかなる人であれ……特別のライセンスなしに王国を離れること」が、厳罰をもって禁止された。つまり、これまで一般的ではなかった旅券の取得が、いちおう義務付けられたのである。翌年一月、国王はトマス・メイヒューに旅券発行権をあたえ、業務を請け負わせた。この布告が少なくとも内乱までは有効であったことは、一六四一年七月一六日付のイーヴリンの日記にも、大陸に渡るために旅券を申請した記事があって、確認できる。(13) さらに、出国者リストそのものも、東部のグレイト・ヤーマス港にかんする一六三七―三九年のものが残されており、この地域とオランダとの密接な関係を示しているほか、初期のアメリカへの移民の実態についても、貴重なデータを与えている。(14)

しかし、年季奉公人移民について重要な情報がまとまって得られるのは、もうひとつの調査からである。一七七三年末から七六年にかけて、毎週全国すべての港湾からの海外渡航者を報告させ、これをロンドンで集計した記録がそれである。ただし、ロンドンでの集計にあたった税関役人が付した史料の表題どおりに、それが「すべての」渡航者を網羅しているかどうかは、まれに「旅行者」と「移住者」を区別し、前者は省略しているらしい報告もあり――たとえば、七四年一月二〇日付リヴァプール港からの報告は、この理由でアイルランドおよびマン島に渡った者を報告せず――、多少の疑義がある。

現実には激しい人口増加が起こり始めていたこの時代は、あとで詳しく触れるように、奇妙なことに、イギリスの人口は減少しつつあり、経済的・軍事的に危機にあるとする説を強く主張する者が現われ、いわゆる「人口論争」が起こった時代でもあっ

第 2 週(1773 年 12 月 18 日～25 日)

出 国 港	行 先	年齢・職業(身分)・渡航目的(順に)
ロンドン〔74 人〕	グレナダ	23 MR／
	ジャマイカ	43 馬具師・帰宅／15 GR／29 精糖工・求職／17 会計係・プランター／27 庭師・求職／26 れんが積工・求職／24 石切工・求職／
	セント・キッツ	25 L 夫に会う／20 M プランター／24 M プランター／
	ニーヴィス	16 書記 B／
	ドミニカ	19 大工・求職／32 大工・求職／35 石工・求職／23 カジ屋・求職
	ヴァージニア	31人 全員年季奉公人 [5]
	ロッテルダム	25 宝石商 B／26 宝石商・帰国／
	リヴォルノ	17 スレート工・求職／
	ダンケルク	13 M 入学／19 G 友人に会う／17 G 友人に会う／50 食品商 B／21 スレート工・友人に会う／30 同左・同左／24 L 友人に会う／
	カレー	50 アイルランド貴族 B／40 G／45／18 G 入学／34 GH／36 G／25 G／30 G／40／24／32／全面拒否 6 人
ピル〔11 人〕(ブリストル)	コーク(アイルランド)	30 外科医／62 船員／37 店員／29 スズ工／？兵士／33 肉屋／23 織布工／41 レイバラー／21 職人／50 レイバラー／37 レイバラー〔全員求職〕／
パークゲイト(エクセター)〔9 人〕	ダブリン	25 女マントバづくり・家族に会う／23 無職・家族に会う／40 織布工・求職／妻／息子／35 女・夫に会う／34 S 故国へ／50？B／40 ファーマー B／
ファルマス〔4 人〕	リスボン	25 GH／30 GH／45 GB／
	行先不明	40？B／
プリマス〔2 人〕	セント・キッツ	33 プランター／？妹 R／

第 1-2 週のデータは，出国港が少ないことを除けば，多くの面で典型的という印象がある．

表 0–2　出国者調査報告例

第 1 週(1773 年 12 月 11 日～18 日)

出　国　港	行　先	年齢・職業(身分)・渡航目的(順に)
ロンドン〔118 人〕	ジャマイカ	17 G／19 G／20 G プランター／18 G 父に会う／22 パン屋・求職
	ドミニカ	32 会計士・求職／
	グレナダ	26 弁護士／
	〔証言拒否 1 名(紳士で西インド諸島行)〕(1)	
	ヴァージニア	104 名 全員年金奉公人(2)
	ガーンジー	42 G 友人に会う／？妻／
	ロッテルダム	45 MB／
	アムステルダム	20 G 求職／
ドーヴァー〔13 人〕	カレー	40 S 帰国／25 GB／25 GB／
	ハノーヴァー	34 G 帰国／30 G 帰国
	パ　リ	30 GH／34 GB／24 LP／35 GB／
	ダンケルク	38 GB
	ルアーヴル	30 GB
	ブルグンディ	36 GB
リヴァプール〔4 人〕(3)	ジャマイカ	33 G 兼 MB／20 G 兼 MB／28 L 夫のもとへ／25 黒人奴隷(左の S)(4)／
ピ　ル(ブリストル)	トバゴ	50 MB／
	ダブリン	約 30／　ほかに水先案内人 1 人
サウスウォルド	アムステルダム	38／

凡例　G：ジェントルマン，M：貿易商，S：サーヴァント，L：ジェントルウーマン，P：楽しみのため，H：健康のため，R：定住，B：仕事

(1)　証言拒否は各港でかなりの数にのぼるが，ドーヴァー発カレー行の人びとは途中からほぼ全員が証言を拒否している．理由は不明．

(2)　ロンドン発ヴァージニア行の年季奉公人は，10 歳代 8 人，20～24 歳 47 人，25―29 歳 25 人，30 代 20 人，40 代 4 人である．

(3)　「リヴァプールの税関は，マン島やアイルランドに渡った者は，求められている出移民にあたらないと考えて，報告に含めていない」と注記あり．

(4)　イギリス本国では，1772 年のいわゆるサマセット事件判決で黒人は自由身分となった．

(5)　31 人の年季奉公人は，10 歳代 4 人，20 歳代前半 17 人，後半 7 人，30 歳代 3 人．

出国港としては，このほか，プリマス，ブライトン(ブライゼルムストン，ショアハム)，ニューカースル，ホワイトヘヴン，ハル，ポーツマス，ライ，ディール，ファルマス，サニッジなどが登場する．

た。この論争自体は、つぎの世紀の社会改革に有力な武器を与える社会統計学の発達を促し、人口増加説の勝利となって終ったことはいうまでもないが、当時の社会にショックを与え、現実に政策上の対応を迫ったのは、人口減少説の方であった。たとえば、ジョナス・ハンウェイが捨て子や浮浪児の収容を考えるようになったのは、この学説に刺激されたことが大きな要素になっている(本書第Ⅳ章4節参照)。

しかし、人口減少説にいちばん衝撃を受けたのは、政府であった。一七五〇年代にブラケンリッジ師によって口火を切られたこの大論争は、六九年にR・プライスが登場して本格的になった。『名誉革命以後のイギリス人口史』と題する小冊子でかれは、人口減少の原因を七つ列挙している。しかし、その多くは、奢侈などの道徳的な理由であり、実質的に意味があるものは、陸・海軍の拡大とロンドンの異様な成長――いずれも高い死亡率を招来する――、さらに度重なる戦争と「海外、とくに東・西インド諸島への移民」とであるというのが、かれの見解であった。これが事実とすれば、ことは深刻であった。[15] プライスのこのパンフレット自体は、やや後のものであるが、同様の主張はすでに論争の当初からなされており、それが、政府をしてこのような大規模な出国者調査を実施させた背景であったことは間違いがない。本史料については、従来、アメリカ人研究者が、アメリカ植民地への移民だけを取り出して研究対象としてきたにすぎないが、このような史料の成立過程からして、ヨーロッパ大陸をはじめとする世界各地への移住者、およびほとんどの「旅行者」がリスト・アップされているだけに、よほど広い範囲での活用が可能である。アメリカ移民の性格を知るうえでも、他の地域への出国者との対比が有効になるはずである。むしろ従来、なぜアメリカ以外への出国者データが無視されてきたのか、不思議な気がする。

また、この史料は、ここでいう年季奉公人移民の最終局面を示すものとしても、おおいに意義がある。すくなくともイギリス側にかんする限り、史料の裏付けがはっきりしないままに漠然と定説化している数量的変化のなかには、この史料の示唆するところとは、かなり背馳するものが多いことにも気が付く。たとえば、一八世紀になると、プランテーションにおける黒人奴隷制への移行を反映して、イギリスからの移民についても、自由移民に比べて、年季奉公人の比率が低下するというのが通説であるが、この包括的な史料を見るかぎり、その比率はなお圧倒的に高い。

ところで、学説史上、ヨーロッパから新世界への移民は、まず自由移民と不自由移民に大別され、後者はさらに、(1)年季奉公人、(2)リデンプショナー、(3)政治犯・浮浪者などを含む囚人で、流刑となった者に区別するのが通例になっている。しかし、現地に到着したのち一定期間内——ふつう二週間程度——に渡航費を工面できなければ年季奉公人となる旨の契約をして乗船したのがリデンプショナーであるが、この形態の移民は、一八世紀のドイツ出身者が中心となっているうえ、現実には現地で渡航費を工面することができて自由の身となった者は限られていたことからして、イギリス人移民のみを対象としている本書では、彼らを本来の年季奉公人移民と区別しない。じじつ、一八世紀の出国者調査では、ロッテルダム、ロンドン経由で植民地に向かうドイツ系移民がかなり出てくるものの——「ドイツ人のため、英語を解さず。船賃は現地で支払うとの契約をしている」といった調査官の注釈がついていることが多い——、彼らも年季奉公人として処理されている。また、(3)の囚人たちも、一種の年季奉公人としてプランターに売られたのだから、本書では、通説的な三区分に代えて、①任意の(自発的な)奉公人と、②強制された奉公人、という二分法を用いることにする。

一六五四年から独立宣言の出された一七七六年までに、新世界の英領植民地に渡った年季奉公人は、ドイツ人を含めて三〇万とも、四〇万ともいわれるが、その大半はとにかく自らの意志で、自発的に契約をした人びとである。これに対して、死刑相当罪をはじめ、各種の犯罪を犯して有罪を宣告された者が、一八世紀の通則として、恩赦の措置をつうじて流刑の身となった「強制的年季奉公人」――自発的奉公人の四年年季に対して、七年ないし一四年年季――は、その数およそ五万人と推定されている。したがって、まずは任意の年季奉公人について、その社会的出自を明らかにし(第Ⅰ章)、ついで、なにゆえに彼らが「年季奉公人」という特殊な形態をとったのかという問題を、当時のイギリス民衆のライフサイクルの特徴や、イギリス社会の性格にそくして検討してみる(第Ⅱ章)。「年季奉公人」の問題が主要換金作物の大量生産、つまりプランテーション経済の展開と深く結びついていることはいうまでもないが、ここではイギリス側の要因に絞って考えようというわけである。そのうえで、「強制的年季奉公人」とイギリス社会の関係を第Ⅲ章で取り扱うことになろう。

第Ⅳ章は、帝国形成のための戦争にかかわった民衆、すなわち兵士の問題を扱い、孤児や捨て子を帝国形成の捨て石にしようとする、この時代のイギリスに固有の「重商主義的博愛」をも、取りあげたい。

第Ⅴ章は、植民地時代末期に、自由移民の形態をとってアメリカに渡った人びと、とくにヨークシアとスコットランドの農民たちの心情に迫りたい。ときはすでに工業化の時代に入っており、たとえ生まれた土地で農業が続けられなくなったとしても、かれらにとっては、アメリカではなく、ロンドンをはじめとする都会へ出て、生計をたてる道もありえたはずである。にもかかわらず、なにゆえにかれらは、あえて「広い藻の海《ワイド・サーガッソ・シー》(大西洋)」を渡ったのであろうか。

I　自発的に年季奉公人となってアメリカに渡った人びと

1　「乞食・売春婦・泥棒」か「中産階級」か

一七・八世紀のイギリス領アメリカ植民地向け移民の多数を占めた自発的年季奉公人は、イギリス社会のどのような階層からひきだされたのか。さらに、より大きくいえば、アメリカ移民全体の社会的出自はどんなものであったのか。この問題は、アメリカ人にとってきわめて重要な課題であることはいうまでもない。それだけに、一八八〇年にJ・C・ホッテンがまとまった移民リストを刊行して以来、乗船者名簿(Passenger List)を中心とする多数の移民史料が系譜学の視点から刊行され、その分析もなされてきた(1)。自発的に契約をした年季奉公人にかんするかぎり、その学説史は三つの時期に区分できる。

まず、第一の時期は、このシステムが成立した一七世紀から二〇世紀中頃までで、年季奉公人＝最下層貧民説が支配的であった時代である。たとえば、著名な重商主義者であったJ・チャイルドは、次のように説明している。「ヴァージニアとバルバドスとは、最初一種のだらしない浮浪者によって居住された。彼らはよこしまで、(労働に適しなかったか、自分で仕事を見つけることができなかったか、あるいは売春や盗みやその他の退廃した行為によって……彼らに仕事を与えるものがなかったという理由で)国内に住むことができない人びとであったが、これを商人や船長が代理人を使って……ロンドンその他の街路であつめ、植民地で働かせるために衣服を与えて輸送したのである」。だから、彼らはたとえ本国に残ったとしても、「祖国のために役立つことはなにもせず、絞首刑にされるか餓死するか、あるいは欠乏……から生じる惨めな病気で不時の死を遂げるか、……身を売って兵隊になるかしかない(2)」のだ、と。

こうした移民一般、とくに年季奉公人が、最下層の貧民ないし社会的落後者からなっているという主張は、植民活動の前史ともいうべき一六世紀から一八世紀初頭にかけて、きわめて一般的であった。つとに、イギリス帝国形成の理論的先駆となった、かのR・ハクルートは、その『西方植民論』において、新世界植民が「貧しい人びとに生計の資を与えること」になるので、「イングランドでは生きて行けなくなった多くの人びとも、そこでならふたたび身を立て直す」ことができる、と主張している。「他人の保証人となったことで財産を失った」者、「海で元も子もなくした」者、「若気の愚行で失敗した」者、「放っておけば……断頭台の露と消えてゆく」者、「戦争が終わったため、こちらにおれば、国家に迷惑をかけるかも知れない多くの兵士や従卒たち」、「イングランドをうろつき回っている乞食たちの子供」など、ハクルートが例にあげた人びとは、以後の移民推進論にはたえず登場することになる。ハクルートの時代が、激しい人口増加とそれにペースをあわせられない経済事情、社会構造の変化などのためにイギリス中に浮浪者があふれ、いわゆるエリザベス救貧法が制定されるような社会状況にあったことを思えば、このように主張することが、植民活動を弁護するうえで都合がよかったことはいうまでもない。(3) ニューファウンドランドに向かったハンフリ・ギルバート隊のリーダーであったG・ペッカムの報告書でも、植民活動は「現に国内でぶらぶらして暮らしていて、本王国のお荷物や負担となり、なんの役にも立たない大勢の人間」をはじめ、「一二歳から一四歳までの子供」や「怠け者の女たち」をも役に立たせることができるとしている。[4] しかし、ことはハクルートのようなプロパガンディストの宣伝で終わったわけでもない。植民活動は、明らかに「貧民に雇用を、ジェントルマンに利益を」という一石二鳥をねらってこの時代のジェントルマンたちが展開した「実験企業」のひとつだったからである。[5]

もちろん、植民地側からいえば、このような社会的落後者の集団が好ましいはずはなく、じじつハクルート自身、植民地サイドからの考察では、各種の技能者を必要としている。したがって、F・ベーコンがつぎのように論じているのも、ロンドン・ヴァージニア会社の発起人でもあったかれの立場からすれば当然であった。「人民の屑や悪い犯罪人を、植民地の民とするのは恥ずべきことであり、不幸なことである。……彼らはあいも変わらず無頼漢の生活をし、仕事に精を出さず、なまけ、悪いことをし、食物を浪費し、たちまちその生活に飽きて、植民地の信用を堕すような誹謗を本国に申し送る。されば植民地に送る民としては、園芸家、農夫、……鍛冶屋、大工……をえらぶべきである」。[6] しかし、植民がいわばなお、プランの域をあまり出なかったこの二人の時代から、それが急激に現実の、しかも目立った社会現象となり始める一六三〇年代にはいると、ベーコンの警告はなんの効果もなかったかのように、移民、とくに年季奉公人＝貧民説が圧倒的になる。

一六五四年、バルバドスからの報告には、「この島はイギリスが塵芥を捨てるゴミ捨て場である。ここにくるのは、ならず者、売春婦などといった類の人間ばかりだ」とある。一六六二年にはヴァージニアからも、「ここには善良な人間、つまり有能な労働者というのはきわめて少ない。……というのは、年季奉公人たちは、技能や職業について訓練もされておらず、ただ空腹と監獄の恐怖とにかられてこちらに渡ってくるからである」(7)と報じられている。さきにみたチャイルドのように、国内での観察もまたおなじであった。

一八世紀になっても、人びとの年季奉公人観には変化はない。一方では、この頃になると人口や経済の状況は、ハクルートの活動したエリザベス時代とは一変しており、かつて「扶養の対象であり、社会の負担そのもの」であった人口が、いまや労働力および兵力として「国力の基礎」とみなされるようにさえなった(8)。したがって、移民は、いまや「貴重な国力の源泉」を流出させる危険な行為とみられ始めたのも当然であった。一七七三年からの出国者調査がこのような考え方を背景にして実行されたことにはすでに言及した。しかし、そうなればなおさら、年季奉公人移民を推進しようとする立場からは、年季奉公人は国内では無用かつ有害な社会的落後者である、と主張すべき理由もいっそう強くなったはずである。それかあらぬか、一八世紀初頭のロンドンでは、こんな観察がなされている。「ボロをまとった半ダースほどの人間が、汚い衣服と絶望的な顔つきでその貧しさを嫌というほど示しながら、逃亡中の徒弟とおぼしき一群の乱暴な青二才どもといりまじっている……。いま彼らが入っていく建物こそは植民地に行くサーヴァントたちが生きとし生けるかぎり自らをミゼラブルな状況におくことになる契約をするところである。なかには、まるでお仕着せを脱いだ祭日の従僕《フットマン》のように見える者もいるが、これは誘拐屋「スピリッツ」たちで、人びとをそそのかして年季奉公人にしてしまい……海外に移民させるのが商売である。……こういう(年季奉公人になる)放蕩者やボロを纏った浮浪者風の輩は、いかにも丁重に扱われているようにもみえるが、じつは、かの公平無私なる契約によって、自らを奴隷に売ったのである(9)」と。

年季奉公人について近代的な歴史研究のメスが入れられるようになっても、貧民説はごく一般的に支持されてきた。たとえば、植民地労働の観点からこの問題に接近し、黒人奴隷労働との関連を論じたJ・W・ジャーニガンは、その一例である。「一六八三年には、ヴァージニアには一万二千人の半奴隷(年季奉公人)がおり、全人口の六分の一に達した。それに、一八世紀ペンシルヴァニアに入った移民のほぼ三分の二までは、白人サーヴァントであった」というかれは、一六世紀のイギリスで「失業者、貧民、犯罪者の階級が激増したこと」が、年季奉公人移民制度成立の前提であったという。[10] それどころか、二〇世紀の半ばに出版され、年季奉公人移民史の多くの側面について、いまだにスタンダード・ワークと目されているA・E・スミスの名著でも、多様な留保条件はつけられているが、基本的に「貧民説」が採用されていることは疑いをいれない。[11]

こうした立場は、W・ノートステイン、C・ブライデンバウ、A・L・ビーアなど、[12] テューダー・ステュアート期の下層貧民問題をあつかっている歴史家のあいだでは、ある意味で現在も公式・非公式に支持を得ている、といえるかもしれない。

しかし、移民史の専門家のあいだでは、一九五〇年代以降このような考え方は全面的に修正されるようになった。すなわちテューダー期のヨーマンの研究者として知られるM・キャンベルが、自由移民を含むアメリカ移民全体の出自が「中産的」であったことを、つよく主張するにいたったからである。とくに、年季奉公人については、

男子年季奉公人移民の職業構成(%)

表 1-1 ブリストル 1654-1661 年

ジェントルマン	1
ファーマー	27
レイバラー	7
農業以外	15
サーヴァント	2
記載なし	48
計	100

表 1-3 ミドルセックス 1683-84 年

ジェントルマン	—
ファーマー	9
レイバラー	3
農業以外	16
サーヴァント	10
記載なし	60
計	100

表 1-2 ブリストル 1684-86 年

ジェントルマン	—
ファーマー	4
レイバラー	12
農業以外	24
サーヴァント	2
記載なし	58
計	100

表 1-4 ロンドン 1718-1759 年

ジェントルマン	—
ファーマー	11
レイバラー	6
農業以外	36
サーヴァント	10
記載なし	37
計	100

〔ギャレンソンの整理したデータを川北が再整理した．出典等は，本文及び注参照〕．

ブリストルの年季奉公人移民史料(表0-1のvi)などに記載された移民の職業を分析した結果、以下のような結論に到達した。たとえば、ブリストルの例では、農村の中産層というべきヨーマンとファーマーはあわせて三六%にのぼり、熟練職人(アーティザン)と商工業者(トレイズマン)はあわせて二二%近く、下層民を代表する(日雇い・週雇いなどの)労働者(レイバラー)は一〇%にすぎないというのである。[13] これらの職業データは、もとより本人の申告によっているので、植民地で高く評価されそうな職種を詐称しているという可能性も考えられるが、現実には、非常に多くの職種が含まれているうえ、かならずしも植民地で需要の高い職種に偏っているということもないので、申告はほぼ実態を示しているものといってよい。そもそも職業と身分やステイタスがなお不可分に結びついていたこの時代にあっては、職業を詐称することは、今日ほど容易ではなかったというべきであろう。

こうして、一七世紀の年季奉公人移民は、ヨーマンとファーマー、熟練職人が下層民であるレイバラーを五対一以上の比率で凌駕するような構成になっていた、とキャンベルはいう。ロンドンのデータでは、当然ながら職人が農業関係の職種を大きく上回っているものの、中産層がレイバラーの五倍以上になることは、変わりがない。このような「中産層」説が、二〇世紀中頃から世界システムのヘゲモニーを確立したアメリカ人にとって、快く響くものであっただろうことは、想像に難くない。

この論文にさきだって、キャンベルはまた、すでに触れたアメリカ独立革命前夜のイギリスからの出国者調査を概観して同じ結論を導いてもいた(14)。

2 イギリス社会の「縮図」

しかし、一九七〇年代末になるとキャンベル説は、コンピュータ・ワークによって再修正されることになる。総数六〇万人くらいの、一七八〇年以前の白人移民のうち、およそ三〇ないし四〇万人とみられる年季奉公人移民の五ないし七%を代表する、上記六シリーズの史料すべてを用いたうえで、D・W・ギャレンソンは、つぎのような重大な問題提起をおこなった。ただし、以下の議論は、男子の年季奉公人に限って展開される。というのは、もとより年季奉公人には男子のみならず女子も存在するが、なお植民地社会が人口学的に自立せず、男女のバランスがとれないために女性移民に対する需要の高かった一七世紀でも、その比率は全体の四分の一以下にすぎず、一八世紀には数パーセントにまで低下するからである。

そもそもキャンベルは、ブリストルのデータのなかでも、史料の状態のよい世紀中葉のものだけを用いているうえ、そこにおいてさえ、三一%にのぼる職業記載のないケースがあるにもかかわらず、あっさりこれをランダム・サンプル、つまり、かれらはたまたま職業を書かなかっただけで、それが記載されているグループとおなじ職業構成比をもつ集団だと仮定してしまったのである。ロンドンに残っている契約書(ii)からみて、契約書の書式自体に職業などを記載する欄のないものが一部使われたためと考えたのである。ブリストルの史料は後半、ほとんど氏名だけになってしまうのだが、それもたまたまそのような書式が使われたためと解釈したのである。しかし、このような解釈は正しいといえるだろうか。

ブリストルのデータをギャレンソンが整理した表を再整理した表1-1・2およびロンドンにかんする表1-3・4(三二頁参照)でいえば、各表の最後にある「記載なし」が初めの三集団にそれぞれの比率で分散していると考え、実際にはこの部分を無視してしまったのが、キャンベルの方法であった。しかし、表1-3ではじつに六〇%に達しているこのグループは本当にランダム・サンプルなのか。

手始めに、表1-3の場合をとると、八一二通のもとのデータのうち六三二通には年齢が記載されている。その内一二九人(二〇%)は二〇歳以下の未成年である。ところが、この未成年者で職業記載のある者は一二人にしかすぎず、じつに九〇%の一一六人には職業の記載がない。しかも、職業と年齢の両方がわかっている例だけで考えると、「記載なし」グループは、平均年齢がレイバラーより一歳、ファーマーより一・一歳低い。つまり、この集団は明確に「若い」集団であるらしいのである。(15)

同じことは、他のどのシリーズをとってもいえる。たとえば、一七一八年―一七五九年のロンドンのデータ(表0-1のiii)でいえば、ファーマー、商工業者、熟練職人など、論争史上「中産的」とされていた階層の年季奉公人では一般に六割前後が成人であったし、レイバラーでさえ三四%が成人であったのに、全体の三七%を占めた「職業記載なし」集団では、成人はわずかに四%にすぎない。つまり、じつに九六%は未成年なのである。これほどではないまでも、「中産的」職業で未成年が三%代、レイバラーでも一割にみたない史料(ii)の例でも、「職業記載なし」グループでは三一%が未成年なのである。こうしてみれば、「職業記載なし」グループは、キャンベルのいうようなランダム・サンプルでは決してないことがわかる。(16)

さらに、契約書にサインがなされているかどうかによって識字率をみると、「職業記載なし」グループは、せいぜいレイバラーやファーマーのレヴェルにしか到達せず、熟練職人などの水準よりはるかに低い。たとえば、データ(表0-1のiii)でいえば、サインのできた人は問題のグループで五七%で、商工業者の八〇%以上はおろか、レイバラーの六二%にも及ばない。(17) そのうえ、年季奉公人が現地で拘束される年数、つまり年季の長さをみても、このグループはやや長くなっていることがわかる。ごく一般的な自発的年季奉公人のケースでは、四年年季が大半であるが、未成年の場合や、とくに負債が大きいと見られる場合はいくらか長くなっている。逆に、外科医のような植民地サイドでとくに有用とみられた職種の人物については、これが短縮されているのがふつうである。後述の犯罪者の場合は、罪状によって、七年ないし一四年が年季であった。したがって、未成年者の多い「職業記載なし」集団では、必然的に平均の年季が長くなっているものと思われる。

とまれ、こうしてみると、「職業記載なし」の集団について、漠然としたものではあるが、ある種のイメージを描くことができる。すなわちそれは、年齢が二一歳に達しない未成年が中心の「若い」集団であり、しかも、識字率が低く、職業上の教育ばかりか基礎的な読み書きの教育の点でも、その水準が十分でなかったものと推測される。平均の年季が長かったことも、彼らの「熟練度」の低さや経済力の低さを示していると、ギャレンソンはいう。

ところで、「貧しい」「教養の低い」「若者」という、こうした諸条件にあてはまるまとまった社会層を、当時のイギリス社会のなかに見出すことができるだろうか。「職業記載なし」グループが、たまたまそれを記載しなかったランダムな人びとの集団ではないとすれば、彼らには記載すべき職業がなかった、と考えるのが自然である。しかし、工業化前の社会で、「職業がない」とはどういうことを意味したのか。前工業化社会では、たとえいかに貧しく、賤しいとされた職種であっても、職業こそは人びとが一人前の人間として当該社会に帰属していることの証であった、といってよい。ラフな言い方をすれば、職業はステイタスそのものだったのである。政治算術書など同時代の社会分析は、例外なくこのことを証明している。じっさい、ここで扱っているいちばん後の時代の史料である一七七〇年代前半の出国者調査報告(表0-1-iv)になると、ロンドンでは、はじめのうち「ジェントルマン」「アイルランド貴族」「黒人」などの「身分(Quality)」と、「(貿易)商人」「外科医」などの「職業(Occupation)」、および「(一般の)仕事(Employment)」を区別しようとする試みが認められるが、それもまもなく放棄されている。[18]

となると、この時代にあっては、職業がないということは、社会的に独立した人格ではないことを意味するといわざるをえない。問題のグループが未成年者を中心としている事実も、おなじ方向を示していよう。社会的に自立した存在でない以上、社会構成表のなかに、彼らの占めるべき位置がないのも当然である。したがって、同時代の政治算術家たちが作成した社会構成表のなかでも、もっともよく知られているグレゴリ・キングのそれにしても、戸主の身分や職業を基準に、世帯(family)単位でカウントされているから、貴族から浮浪者までがカヴァーされているにもかかわらず、「職業なし」などという集団をそこに求めることはできない。

しかし、一七・八世紀に作成された他の社会構成表のなかには、表の最後に「女・子供・サーヴァント」という一項をおいて、「社会的には無意味な存在《ナッシング》」などとしているものもしばしば目につく。家族(世帯)が社会の最小単位であり、戸主が他の家族構成員に対して全権を握っていた近世のイギリス社会では、「サーヴァント」もまた、その家族の従属メンバーとして扱われた。いわゆるケンブリッジ・グループなどの人口史研究で「ライフサイクルの一環としてのサーヴァント」とよばれているものがそれである。「職業記載なし」グループの諸特徴は、この社会層にぴったり適合する。第Ⅱ章であらためてみるように、工業化以前にあっては、イギリス民衆の子弟の大半は、十代のうちに別の家庭に「サーヴァント」として入り、その世帯の構成員として何年間かを過ごしたのち、結婚によって自ら新たな世帯を構成した。

こうした「サーヴァント」の中核をなしたのは、農家に住み込んだ農業サーヴァントと商人や職人のもとでの徒弟とである。前者は一年単位の雇用契約が基本で、近世世界に特有の「雇用市(hiring fair)」を通じてほとんど毎年雇い主を変えた点で、後者とは違っているが、いずれも男女をとわず独身であり、住み込みであって、一人前の社会人とは認められていないことなどの点で、まったく共通している。彼らはいずれも、法的にも、慣習上も、親方(雇い主)に完全に従属するいわば「半人前」の存在であり、なお記すべき職業を持ってはいなかったのである。「職業記載なし」グループは、たまたま職業欄のない契約書の用紙を渡されたわけではなく、(19)職業によって「自己の」ステイタスを表示することのできない「サーヴァント」が、そのほとんどだったのではないか。とりわけ、一七世紀では徒弟の一〇ないし一五倍にも達した農業サーヴァントの場合、年々その雇い主を変え、移動する習慣であったから、別の村に移るかわりに植民地で奉公をすることにはあまり抵抗感がなかったものと思われるのである。もっとも、植民地に渡った年季奉公人は、あくまで一種の強制労働にしたがったわけで、一般的にはもはや、本国でのように雇い主の家族として扱われることはなかったのだが。

そうだとすれば、一七・八世紀のイギリスからアメリカへの移民は、全体としてどういう構成であったといえるのか。ギャレンソンの結論はこうだ。「一七世紀の男子年季奉公人は、イギリス社会のきわめて広範な部分の縮図(クロス・セクション)を示している」[20]、と。すなわち、当時のイギリス社会の九〇%以上がそうであったように、移民もまた、そのほとんどが、(1)農民(ヨーマンとハズバンドマン)と各種職人・商工業者、(2)日雇い労働者(レイバラー)、(3)まだ独立していないサーヴァント、によって構成されていたのだというのである。

このようなギャレンソンの分析には、キャンベルらによる反論もないわけでもないが[21]、あまり有効とはいえない。前者の分析は数量的な意味ではきわめて徹底しており、ほとんど批判の余地がないようにもみえるからである。とくに、キャンベルのような、中産階級説の立場からする批判には無理があると思われる。とはいえ、ギャレンソンの議論にも、平均値の微妙な差異に重要な意味を与えすぎるなど、数量化過剰の傾向がみられることも否定できない。さらに、それ以上に、彼のいうとおり年季奉公人の社会的出自が当時の社会の「縮図」であったとしても、そこでいう「当時の社会」とは、いったいどのようなものであったのだろうか。

3 近世イギリス社会は貧民社会――出国者調査の職業分布

年季奉公人移民の社会的出自は当時のイギリス社会の「縮図」だ、とギャレンソンはいう。しかし、彼の説が仮に正しいとしても、そこでいうイギリス社会とはどんなものであったのか。当時の政治算術家グレゴリ・キングが、イギリス国民を五一万家族、二六八万人の「王国の富をふやしている家族」と八五万家族、二八三万人にのぼる、それを「減らしている家族」とに二分したことは、よく知られている。彼の社会構成表で人口の過半を占めた後者は、レイバラーとそれに近い小屋住農、陸・海軍の兵卒などからなっており、これらの家族は平均して家計収支が赤字だというのである。

つまり、過半数の人間、世帯数でいえば六割以上が慢性的赤字のもとで生活しており、なんらかの意味の救貧策が必要な「貧民社会」、それがイギリス社会の実態なのである。もとより、紋章官という立場からして保守的な社会観をもっていたといわれるキング[22]の社会構成表は、人口数にかんしてはかなり信頼度が高いものの、その他のデータについては、鵜呑みにすべきではないという警告もある。とはいえ、彼が結論としてこの表にいきつくまでの過程をみれば明らかなように[23]、これが同時代のもっとも事情につうじた人物の見解であることに間違いはない。とすれば、このような社会の「縮図」であると主張することが、古典的な「貧民説」と大きくかけ離れているとも思われない。社会の縮図は縮図でも、しょせんそれは「貧民社会」の縮図だったのである。このように考えれば、第1節でふれたブライデンバウなどの理解とも、十分につながってゆくことができるはずである。

しかし、年季奉公人移民が、キャンベルはもとよりギャレンソンが想定しているより以上に下層貧民に偏っていたのではないか、と考えるべきもっと積極的な証拠もいくつもある。まず第一に、さきにあげた年季奉公人にかんする史料は、すべてが均質なものではない。この点で数量化を徹底したギャレンソンの手法には、はじめから一抹の不安がつき纏う面がある。したがって、ここでは、史料ii・iii・ivを個別にみることにしたい。まず、時期的には末期のものだが、データがゆたかなivからみよう(上掲表0-1参照)。

スコットランドの港湾にかんする最後の巻を別にして、一七七三年一二月一一日から七六年四月七日まで(理由はわからないが、一部欠けている週があって、計一一五週分)一万三二九二人の出国者が記録されているこの史料では、カリブ海域をふくむアメリカへの移民が、ほぼ四割を占めている。さらに、このアメリカ移民のうち六割が年季奉公人である。ヨーロッパやアイルランドへの出国者については、調査にあたった税関吏のあいだで「出国者」と「移住者」について若干の解釈の混乱が認められる。すなわち、明らかに単なる旅行者と見られるものは、人口減少説にもとづく危機意識からきた調査の趣旨にあわないと思うという理由で、官吏自身が報告から外している例がいくつか認められるのである。したがって、厳密な統計処理には馴染みにくい点もあるが、それにしても、この史料は、ざっと眺めるだけでも、ただちに従来の通説に疑問をいだかせるいくつかの特徴が浮かんでくる。

まず第一に、一九世紀になって、アジア系移民を大量に導入するカリブ海はともかくとして、アメリカでは、年季奉公人の形態をとる白人移民は植民地時代の初期に多く、植民地で人口の再生産が可能になる一方、黒人奴隷制がひろがるにつれて消滅していくというのが常識である。しかし、植民地時代の最後にあたるこの史料においても、アメリカ移民の過半数は年季奉公人であったという事実がある。この史料がきわめて包括的なものであることからすれば、依然として「ピューリタンの自由移民」的イメージのつよい植民地時代のアメリカ移民にかんする全体像には、かなりの修正を加えることが必要と思われる。

第二に、この史料は、アメリカへの移民をヨーロッパを中心とするその他の地域への出国者と直接、しかも包括的に比較できるという点できわめて貴重なものである。アメリカ移民が激増したとされる一六三〇年代後半にも、出国者調査がおこなわれたことが知られているが、報告書はかなり限られた範囲のものしか残存していない。(24)いずれにせよ、本史料を全体として一瞥すると、アメリカ向け移民の特異性は一目瞭然である。史料は、毎週各港――ロンドン、ドーヴァー、ブリストル(ピル)、ブライトン(当時の港湾行政区分では、ブライゼルムストン Brighthelmstone およびショアハム Shoreham)、ポーツマスなど全国の主要港が登場する――から報告された出国者の氏名・年齢・職業・出身地・渡航先・船舶名・渡航目的などを記しているが、ヨーロッパ向け渡航者の場合、年齢は三〇、四〇歳代が多くで、二〇歳代の者はむしろ例外的である。一〇歳代となると、グランド・ツァーにでかける若いジェントルマンか、学校にはいる子供がほとんどである。後章でとりあげるスコットランド出身の移民をのぞいて、年季奉公人はもとよりイングランドからアメリカへの移民一般に比べても、はるかに年齢が高いといってよい。

職業欄のコントラストはもっとはっきりしている。大陸の諸港――アムステルダム、パリ、ルーアン、カレー、オステンド、ブーローニュ、ディエップ、カーエン、ダンケルクなど――に向かった人びとは、圧倒的に「ジェントルマン」と「商人」からなっており、年季奉公人の形態をとる移民にほとんどジェントルマンがいないことと、決定的に異なっている。職人はほとんどみえないし、レイバラーはなおさらである。ジェントルマンについてゆくサーヴァントはいるが、アイルランドに帰る季節労働者をべつにすれば、下層民が単独で現われることはめったにない。ただし、この種の調査では、漁民や船員は対象からはずされているものと思われる。渡航目的の圧倒的多数は「楽しみ(for pleasure)」と「商売(on business)」である。「移住(to reside, to settle)」もあるが、数パーセントでしかない。その他には大陸での修業や勉学に出かけるヘア・ドレッサー、菓子職人や若者、帰隊または帰郷する兵士、帰国する季節労働者などが散見される。「保養」目的の上流階級もある。いずれにせよ、こうしてみると、当時の出国者のなかで、アメリカ移民というのはきわめて下層の方に偏った集団であることは明白である。

ところで、肝腎の年季奉公人の職業についてはどうか。他の年季奉公人史料に比して本資料の最大の特徴は、「職業記載なし」グループが存在しない、という事実である。つまり、すべての年季奉公人についてなんらかの「職業」が記載されているのである。したがって、「サーヴァント」には「職業」がないという解釈は、ここでは明らかにとられていない。むしろ、職業の記載のない若年者は、自由移民と女性の年季奉公人のなかに少数見出されるだけで、男子年季奉公人はほとんどすべて職業を記載されている。一七七三年末から翌年初めにかけての週に、ロンドン港を出航した「エティ」号でメリーランドに向かったトマス・キャロルは、アイルランド出身で一〇歳だったが「靴づくり」とされている。徒弟は修業中の職種を、また場合によっては父親の職種が当てられた可能性があるが、あるいはまた、すでにこの時代には、地域に

表 1-5　年季奉公人の職種
(1773-76 年)

職　　種	徒弟一時金	人数
レイバラー		473
ハズバンドマン		228
大　　工	£ 10-20	137
靴　　工	£ 5-20	132
織 布 工	£ 5-20	116
馬　　丁		99
庭　　師		90
仕 立 工		88
パン職人	£ 5-20	83
かつら職人		62
木 こ り		59
書　　記		58
れんが積み工	£ 5-20	58
か じ 屋		47

以下，桶屋(10-20)，肉屋(0-10)，教員，家具職人，従僕，ペンキ職人，指物師(10-20)と続く．
〔P.R.O., T 47/9〜11〕

よって農業サーヴァントの制度が急速に消滅しつつあったことや、徒弟制度が力を失いつつあったことの反映でもあるかもしれない。ヨーロッパへの出国者をみても、「サーヴァント」は、いわゆる「家事使用人(domestic servant)」に限って出現する。この時代には、「家事使用人」自体にも男性から女性への転換があったと思われるが、それ以上に「若者」の「職業」についての、ひいては彼らの社会のなかでの位置についての考え方に大きな転換があったことを、この史料は示唆しているかもしれないのである。

ともあれ、この史料に現われるおよそ二〇〇種の職種のうち、人数の比較的多いものは表1-5のとおりである。この表を一見していえることは、ハズバンドマンがレイバラーの半数しかなく、農業的な職種では「中産階級」説は成り立たないということである。本来なら「サーヴァント」に分類されるべき若者に、「レイバラー」の呼称があてられている可能性があるとしても、この事実に変わりはない。非農業的な職種についていっても、あまり社会的地位の高いものはない。一五年ほどの時間差があるが、一七四七年に刊行された二つの『職業づくし』が記している徒弟一時金——つまり徒弟になるに際して親方に支払われる一時金の額——でみると、大工をのぞいて拾いだせるものはすべて五ポンドを下限とするものばかりである。[25] 徒弟一時金の額は、いわば同時代における個々の職業の評価を多少とも反映していると思われるので、このことにはかなり意味があろう。逆に、徒弟一時金の高い職種を拾った表1-6は、もともとあまり人数の多い職種ではないということも当然あるが、散発的というべき数字でしかない。

表 1-6 徒弟一時金の高い職種

職　種	一時金	人数
外科医[a]	£ 20-500	18
アポシカリー[b]	20-200	3
絹物商	50-200	3
宝石商	20-200	5
車大工	50-100	9
皮なめし工	50-100	10
毛織物商	30-100	1
鉄物商	30-100	2
煙草商	30-100	2
食品商	20-100	6
捺染業者	20-100	2

〔表 1-5 に同じ〕
a：外科医は，理髪師，歯科医，かつら師などとの分離過程にあり，急速に性格が変化していた．ここに比較的多数出現するのはその下積みとなっていく側の人びとである可能性もある．
b：本来，薬種商であるが，医師の一種に変化しつつあった．

つまり、キャンベルが「中産的」と判断した集団も、その職種を丹念にみれば、かなり下層に偏ったものであることがわかるのである。

4　貧民社会の「縮図」
――「浮浪」型人口移動と『ロンドン市長日誌』――

年季奉公人の地理的出自にも、彼らが中産的な階層とはやや異なっていることを示唆するものがある。近世イギリスにおける国内人口移動(inland migration)については、ケンブリッジ・グループを中心に、近年多方面から研究が試みられている。とくに、教会裁判に出席した証人たちの人定尋問での証言を素材としたP・クラークは、一六世紀、一七世紀前半には激しい人口移動があったが、その場合、基本的にふたつのパターンが明確に識別できる、と主張している。すなわち、移動が頻繁で、結果的に遠距離を移動する浮浪者型の移動と、近隣の都市で徒弟に入るとか、学校に入学するなどの目的で行なわれる、回数の少ない、短距離の移動とである。前者は都市間移動が多く、後者は農村と都市の間の移動が中心である。いわば前者は「生存のための移動」であり、後者は「社会的上昇のための移動」である。しかも、ピューリタン革命を境に前者のタイプの移動は急速に消滅してゆく、とクラークはいう。(26)

年季奉公人移民の場合はどうか。ブリストルのデータを分析したサウデンによれば、(27)一般に年季奉公人は、徒弟より遠方からリクルートされており、ロンドン出身者が多少目立つのも特徴である。図1-1がそれを示している。ただし、一七七〇年代の出国者調査を用いてロンドンについて同様の分析をしてみると、図1-2のようになり、簡単に「徒弟より遠距離」とは断定できない。ただし、正確に対応する時代の徒弟リクルートのデータはえられなかったので、一六九〇年のものをあてた。(28)このような結果になったのは、ロンドンは徒弟リクルートのエリア自体が圧倒的に広いうえ、年季奉公人のデータでは、(広義の)「ロンドン出身」者が多すぎるためと思われる。ここで用いた年季奉公人と徒弟の史料には、年代のズレがあったこともある

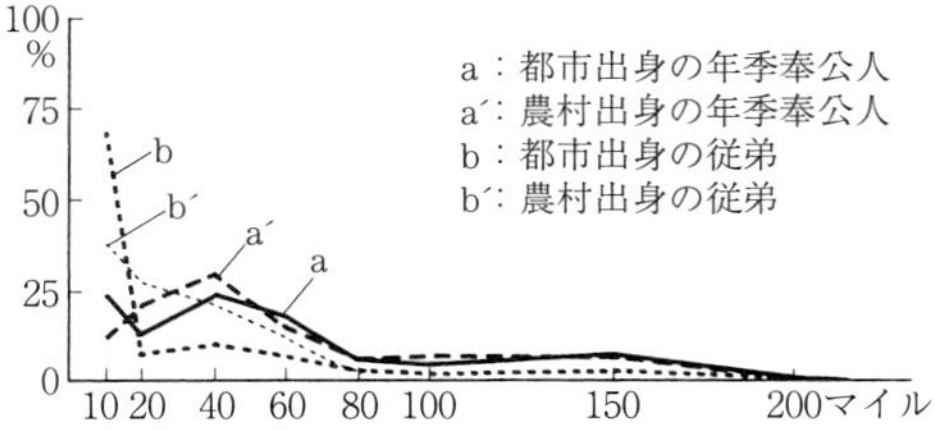

〔ソースは本文及び注をみよ〕

図1-1 ブリストルのルクルート

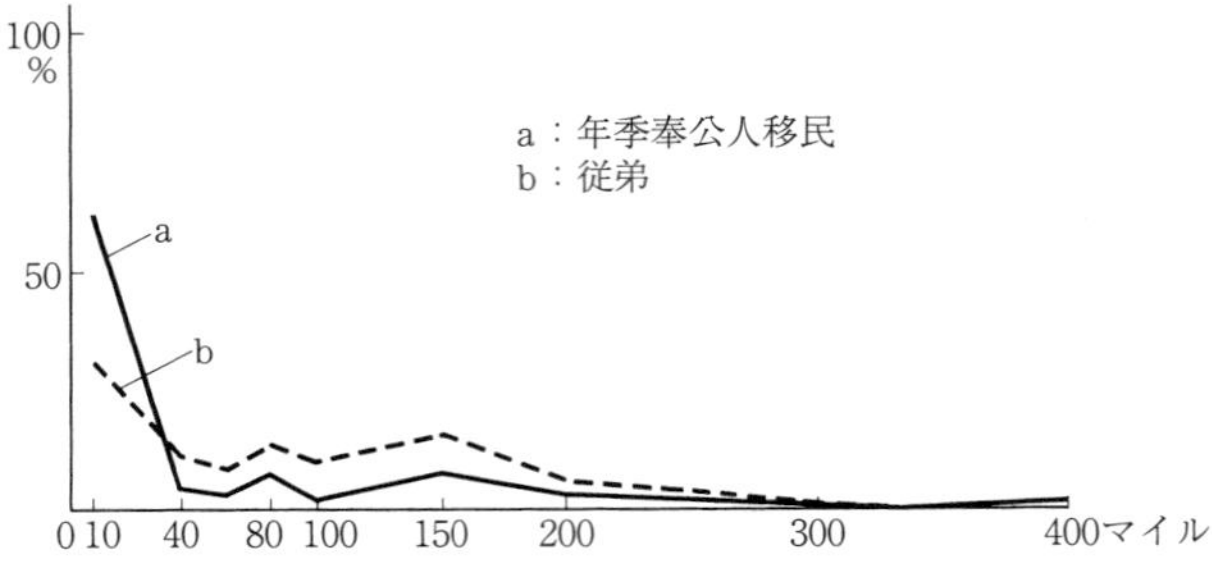

〔ソースは本文及び注をみよ〕

図 1-2 ロンドンのリクルート

が、年季奉公人の出身地にかんする情報の信頼性そのものについても、多少の問題があるかもしれないのである。とりわけ、ロンドンの場合、地方出身者がいったん定着した後に落ちぶれ、市内を転々とした結果、「ロンドン出身」として申告されてしまう例がかなりあると推測される。たとえば、『ロンドン市長日誌』(表0-1の i)などには、ノリッジやワイト島、スタフォードシアなどからロンドンにきて、さらに海外へ移民をした二段階移動が明記されている例も少なくない。ただし、この問題は、そもそもクラークの論考そのものについても、つき纏っているものである。(さらに、ロンドンのような大都市については、クラークのテーゼが必ずしも適合しないという意見もある。[29])

このような制約はあるものの、いずれにせよ、一般に遠距離移動者とロンドン出身者の多いことが、徒弟と比べた場合の年季奉公人の特徴であることは、ほぼ間違いない。とすればそれは、「生存のための移動」、つまり、浮浪者型のそれに近いことにもなる。さらにいえば、中産的であったかどうかは別にしても、「食いつめた」人びとの移動に近いものであった、ということになろう。一八世紀のもうひとつの年季奉公人史料(表0-1のiii)でも、結果はほぼおなじであろうし、一七世紀末の『ロンドン市長日誌』なら、いっそう「ロンドン出身者」の比率が高くなるであろう。

もっと直接的に、たとえばこの『ロンドン市長日誌』に現われる年季奉公人ひとりひとりを眺めても、「没落者」ないし「貧民」のイメージはきわめて強い。ごく大雑把な数を数えただけのキャンベルはもとより、詳細とはいえ、計量分析に終始したギャレンソンも見落しているが、この史料や上記史料(表0-1のiii)には、よくみれば個人の生活歴や現状が十分推測できるようなデータが多数含まれている。たとえば、前者で「poor boy」、後者で「poor lad」と記載されているものが多数認められるが、これらは前後の文脈からして明らかに「孤児」を意味しており、さらにそのうち何人かは、「捨て子」であったことが確実に想定できる。彼らはたいてい、教区の貧民監督官によって「保証された」——つまり、「売られた」——のである(詳しくは、第Ⅳ章第4節参照)。「父死亡」「母死亡」などの記録も多数にのぼる。『ロンドン市長日誌』にみられる次のケースは、格好の例といえよう。

サミュエル・エヴァンズ
サザーク[ロンドン]在の故エリス・エヴァンズの息子。義父の籠づくり職人ポール・ミルバーンが、この徒弟には父も母も生きてはおらず、本人も独身であると証言。ヴァージニアで四年間奉公すべく、ジョン・ウィリアムズと契約。年齢二一歳以上。一六八四年三月一六日。

自分の年齢も定かではないこの徒弟は、おそらく幼くして父をなくし、母が再婚したのであろう。しかし、その母も亡くなり、結局は、血のつながりのない義父によって売られることになったものと推測される。

これも第Ⅳ章で詳しくみることになるが、除隊した、というよりクビになった兵士や各種の刑務所から直行する者も、しばしば現われる。宿屋経営者の父が入牢中のマーガレット・ダンモアや木挽きの夫スティーヴンに「売られた」エリザベス・デイのような例もある。

こうした各個人の生活歴を統計化することはきわめて困難だが、全体の印象はあまりにも明白である。現に幸せな生活を送っている者が、あえて年季奉公人として大西洋を渡るなどということはほとんどありえなかったし、キャンベルのように彼らを全体として「中産的」などと評するのは、無謀という以外にない。ギャレンソンのように「イギリス社会の縮図」というのも、そのままでは正確とは言えない。当時のイギリス社会は、それ自体「貧民社会」であったし、年季奉公人はそのなかでもまた、かなり下層に偏った構成をもっていた、というべきである。そのうえ、それぞれの階層ないし職業集団のなかでも、順調とはいえない、いわば転落の危機に曝されている人びとが大半であったことも、間違いがない。

じっさい、『ロンドン市長日誌』には――史料の性格からして当然ともいえるかもしれないが――、窃盗などの犯罪者への判決記事と年季奉公契約の記事とが、まったくいりまじって出現する。同時代人には、年季奉公人はあきらかにそうしたものとして映っていたのである。

ロンドンから西インド諸島や北米に向かった年季奉公人の多くが貧民であったことは、その移動《マイグレイション》のパターンのもうひとつの特徴からしても推定される。すなわち、二一五五人のサンプル調査によると、一六八三年から一七七五年までのロンドン発年季奉公人移民の七五%は、二段階移動をしていたという事実がある。つまり、彼らは地方からロンドンに来て、さらに海外に渡っていったのである。年季奉公人移民の記録を国内人口移動のデータとして利用しようという試みさえあるのは、このためである。ともあれ、このことからすると、年季奉公人移民の大半が「失敗した《フェイルド》ロンドン人」であったといわざるをえないのである。(30)「失敗したロンドン人」といえば、後代に肥大するスラム、イーストエンドを形成した住民について、都市史の泰斗H・J・ダイオスが与えた「(地方から出てきて)没落した《サブマージド》ロンドン人」という定義(31)をただちに連想するとしてもあながち不当とはいえまい。

彼らは、移動距離も平均一四五キロから一六六キロと長く、六二%が一三〇キロをこえている。しかも、全体の二一%以上が人口五千人以上の都市からきたことがわかっており、その多くは地方の大都市からきたとみられる。とすれば、実際には、地方都市周辺の農村からの三段階移動も当然のこととして想定されるのである。

Ⅱ　イギリス近世社会と通過儀礼としてのサーヴァント

1　大半のイギリス人が経験したライフサイクル・サーヴァント

年季奉公人移民は、全体に多少とも下層に偏った人びとからなっていた。しかもこの性格からして、いかなる階層の人物であれ、その階層なりに生活に困窮している者が多かったものと思われる。なかでも大きなウェイトを占めた「職業記載なし」グループは、当時「サーヴァント」として一括されていた階層であった。これが、前章の結論である。とすれば、ここでいう「サーヴァント」とは、具体的にはどのような存在であり、近世イギリス社会のなかで、どのような位置を占めていたのであろうか。

「イングランドはサーヴァントの天国だ」とは、一六六九年以来ベストセラーとなった『イングランド案内(*Angliae Notitia*)』を刊行し続けたエドワード・チェンバレンの言葉である。かれによれば、「ふつうサーヴァントは一年単位で雇用される。その期間が終われば、三ヵ月の予告で雇い主のもとを離れて、他の雇い主のもとに行くことができる」という。G・ミージュによる一八世紀のいまひとつの『新イングランド案内(*The Present State of Great Britain*)』も、予告期間を一ヵ月としている以外は、ほぼ同じ説明をしている。(1)両者がここでいっているのは、男子を主体とする農業サーヴァント(servant in husbandry)と家事使用人のことであるが、圧倒的に重要なのは前者である。かれらの特徴は、年齢が若く、独身で、住み込みであること、年雇用であることなどにある。しかし、ミージュは、さらに言葉をついで、「徒弟は、いまひとつの種類のサーヴァントであるが、職業訓練をうけ、七年間奉公させられる。……徒弟はまた、契約書により奉公中は結婚を禁じられている」としている。つまり、年季の長さこそ違うが、徒弟はいわば、農業サーヴァントの都市における対応物だったのである。(2)

こうして、広い意味でのサーヴァントとは、工業化前のイギリスでは、よほどの上流階級の生まれでない限り、大半の人間が十代後半から二十歳代にかけて経験したといってよい「状態」のことである。ふつうのイギリス人でサーヴァントの経験をもたない人は少ないが、逆にサーヴァントのままで生涯を過ごす人も滅多にいない。いわばそれはイギリス人にとって「通過儀礼」ならぬ「通過ステイタス」であった。いまの日本の学生身分を思えば、大筋で当っていよう。じじつ、のちにもふれるが、一七五八年から翌年にかけてハーフォードシア・ウェストミル教区にいた一八人のサーヴァントは、六四年までにほぼ全員、レイバラーなど、なにか他の仕事に転身しており、なおこの立場にあった者はひとりとして確認できない。イギリス人の大半が青年時代に経験したものの、生涯その身分にとどまることもまずなかったという意味で、それを「ライフサイクル・サーヴァント」、あるいは「ライフサイクルの一環としてのサーヴァント」とよぶ。したがって、ライフサイクル・サーヴァントとは、いわば一種の「通過職種」であったということも可能で、じじつ「若者が大人らしく振舞うことをまなぶ過程、すなわち社会的規律化のプロセス」としてこの習慣を取り扱っている研究者もある。徒弟にはある種の財産資格が要求されたのに対し、農業サーヴァントではまったくそれが問題にならなかったし、両者には、定着性の点でも大きな差があった。にもかかわらず、「全体としていえば……徒弟と農業サーヴァントは必ずしも区別がつかなかった」し、このふたつの職種の中心を占めている一四歳から二一歳までの人びとは、「ある点ではなお子供であり、……またある点ではすでに大人とみなされた」のである。つまり、かれらは今日いう「青少年」の概念にほぼあたっていたといえよう。(3) したがってかれらはまた、しばしば規範を踏みはずす「怒れる若者たち」でもありえたこともいうまでもない。かれらが潜在的な「危険分子」でありえたからこそ、親方(雇い主)の監督責任を強化するための法的措置が、テューダー期以後、つぎつぎと出されたのである。(4) サーヴァントが奉公先の家庭で家族の一員として扱われたというのも、ソシアル・コントロールの観点からいえば、当然のことといえよう。

ライフサイクル・サーヴァントというこの制度は、じっさい、きわめて普遍的なものでもあった。たとえば、カスモールの推計によれば、「サーヴァントというものは、一五歳から二四歳までの人口の、じつに六〇％前後を占めていた」(5) のである。これより古いラスレットのデータでは、多少数値が低くなっていたが、それでも、工業化前のイギリスに属する六つの集落について、一五歳から二四歳までの人口で少なくとも三人に一人以上は「サーヴァント」であり、二〇歳代前半の女子は半数近くを数えていたという。(6) 他方、全世帯中サーヴァントをもっていた世帯の比率は、一五七四年から一八二一年にいたる六三集落のデータでは二八・五％前後であった。しかし、これらの数字はいずれも、ある特定の時点での調査であるから、のちにサーヴァントとなった者や、以前そうであったものを考えると、大半の若者がこれを経験したといってさしつかえない。雇い主にあたる農家の側からいっても、この時点ではサーヴァントを必要としなかった家族でも、子供たちが巣立ち、夫婦の一方が欠けたり、老齢化したりしていわゆる「空き巣《エンプティ・ネスト》」の状態になると、それなしではすまなくなる。ひとつの世帯が生まれ、変遷をへて、ついに消滅にいたる「世帯のライフサイクル」を考えると、ほとんどの世帯はそのどこかの段階でサーヴァントを維持していたといえよう。

こうして、一七七三年、ベドフォードシアの小村レンホールドにも、六〇人以上のサーヴァントがいた。「このうち何人かは間違いなく農家に住み込んだ農業サーヴァントであったが、なお、いまでは不必要になった色々な仕事――燭台やナイフ研ぎ、水汲み、バター・チーズづくり、ベーコンやハムの番、洗濯、漬物つけ、暖炉の掃除と火の番、等々――に従事する家事使用人も、大量に必要であった」という。しかも、この村の人口たるや、一八〇一年になってもわずか二四五人を数えたにすぎないのである。(7) 一七世紀末から一九世紀初めにかけての救貧請求者に対する「定住地」調査では、南部と東部の一一州の二二〇一人のうち、じつに八一%がサーヴァントの経験を理由として「定住権」を主張した。そのうち、農業サーヴァントは、オクスフォードシア、バークシア、ハンプシアの三州では、四四・四ないし六八・二%であった。(8) 下層民衆のあいだでは、とくにライフサイクル・サーヴァントの習慣が普遍的であったことが想定されよう。

したがって、いわば通過性と普遍性が近世イギリス社会におけるサーヴァントの特質であった、といってよい。このような事実は、近代西欧社会に固有の家族編成のパターンとの関連で、研究史のかなり早い時点から明らかにされていた。ハイナルのテーゼとして知られているものである。ハイナル以後の研究も含めて、その骨子をいえば、一六・七世紀、とくに一七世紀末から第二次世界大戦にいたる期間の西欧には、(1)一般に晩婚で、終身未婚ですごす人口の比率が高く、(2)いわゆる単婚核家族が基本をなしていること、(3)ライフサイクル・サーヴァントの存在、の三点くらいに要約されよう。(9)

(1)にかんしては、中世や古代のデータや東ヨーロッパ、アジア・アフリカなどのそれと対比することで、容易に確認できる。(2)は、P・ラスレットらによるローカル・センサスの研究でも、十分に証明されているが、たとえば同時代の政治算術家グレゴリ・キングの著名な社会構成表でも、「レイバラー」や「小屋住農」など、庶民の世帯はせいぜい平均三名強によって構成されていることになっており、三世代同居の可能性がごく低いことを示している。結婚したカップルが夫婦どちらの親とも同居せず、まったくあらたな世帯を構成するとすれば、生活を維持しうるだけの経済力がつくまで、結婚はできない。極度に単純化していえば、いわゆるプロト工業化などに伴う雇用の増加がないかぎり、事態は相続という名のイス取りゲームにさえなる(10)。つまり、親の土地などを相続しないかぎり、結婚して新世帯を構成することができない、とさえいえる。それほど閉鎖的で、静態的な社会でなくても、新世帯を構成する資金をえるためには、必然的に晩婚にならざるをえない。したがって、(1)と(2)とは、相互に関連してもいるのである(11)。

また、逆にいえば、晩婚であるがゆえに、早婚社会にはない独身の青年時代というものがあることにもなる。この期間は、いわば「修業」ないし「訓練」の時代でもあり、この時期を具体的に埋めたのが、(3)の徒弟や農業サーヴァントの制度であった。こうして、一般にこの時代のイギリス人の子弟は、十代の半ばになると実家を離れ、どこか他の家庭に広義のサーヴァントとして住み込んだ。サーヴァントを続けているかぎりは結婚は許されない。後でも取り上げるちょっと奇妙な農書『不運な農夫』に登場する老農夫は、若い頃、サーヴァントとして働くために偽装離婚をさえしている。[12] いずれにせよ、かれらは二〇歳代のどこかで結婚をし、サーヴァントをやめる。その際は、実家に戻って老親と一緒に住むことはまずなく、まったく独立の世帯をもつのが通例である。[13] サーヴァントをやめたかれらがどのような職業についたかは、本書の以下の各章で詳しく論じるが、もちろん、大多数が通い(週または日雇い)のレイバラーとなったことはいうまでもない。それにしても、このような社会的制度の存在は、晩婚を強制することになり、ひいては、人口増加率を経済成長の枠内に留め、新たに生まれる世帯の経済水準をかなり高く保つことになり、西欧世界の工業化に有利な人口学的前提となった。

徒弟に入るのは伝統的に一四歳とされているが、職種により、地域の事情によって、子供が「親元を離れる(home leaving)」年齢には若干のバラツキがあった。K・D・

表 2-1 「親元離れ」の年齢(男子平均)

兵　士	17.0	くつ職人	14.6	仕立職人	14.0
石　工	17.0	農業サーヴァント	14.5	織布工	13.8
れんが積工	15.6	パン屋	14.4	船　員	13.3
大工・指物師	15.2	かつら(理容)師	14.4	羊毛加工	13.2
かじ屋	15.2	肉　屋	14.3	煙突掃除	10.7

〔Snell, *op. cit.*, p. 329 から抜粋〕

M・スネルが一七〇〇年から一八六〇年までについて調査したところでは、綿布捺染業や車大工の一七歳代から、梳毛工やメリヤス編み工などの一二歳代、煙突掃除の一〇歳代まで差があった。これに対して、この期間を通じてなお「親元離れ」の主要な原因となっていた農業サーヴァントの場合は、平均一四・五歳であった(表2-1)。ただし、当然予想されるように、のちの節で扱う孤児や貧民の子で、教区によって育てられて売られた、いわゆる教区徒弟はかなり早く、八歳以下で徒弟などに出された例も少なくない[14]。地域差もかなりあって、いわゆるプロト工業の盛衰とも関連して、男であれ女であれ、自宅から通える職があるとそれだけ遅くなる傾向もみられた。たとえば、工業化の進展で家内(プロト)工業の衰退した一九世紀前半の東部では、女子の家内雇用が減って、がんらい男子より一歳半くらい遅くまで実家にとどまっていた女子が、男子より先に親元を離れるようになったといわれている。「女子は家にいるかぎり、ビタ銭一文稼げない……」ので、「男子よりはやく親元を離れて(家事使用人となって)自らをささえる」ことになったのである。また、旧救貧法下では、年長児が家族手当(family allowances)の額をこえて稼げるようになると、かえって給付額が減るために、早く送り出す傾向がみられたが、一八三四年、新救貧法の施行にともなって、家族手当が廃止されると、子供を遅くまで手元に置く傾向が生じた。(15) このような傾向は、すでに「ライフサイクルの一環としてのサーヴァント」の制度の崩壊過程を示しているということもできる。

こうして、他人の家に住み込んだサーヴァントは、程度の違いはあれ、その家庭の一員として扱われる傾向がみられた。その家庭の実子と同じベッドで寝ることも稀ではなかったし、逆に実家の人びとを「友人」などと呼ばせているケースさえある。工業化前の家族観はわれわれのそれとはよほど違っていたのである。このことはまた、たとえばキングの社会構成表のような、当時の政治算術書にも表われている。すなわち、かれの表では、最上層の「世俗貴族」の家族規模はじつに四〇人と措定され、職人や将校の四人をへて、レイバラーの三人半などにいたるまで、一般にステイタスの階梯を下がるにつれて、その数値が小さくなっていくのである。キングがサーヴァントをその雇い主の「家族の一員」とみなしていたことは、あきらかである。庶民の家に生まれた青少年が、少しずつ上の階層の家庭にライフサイクル・サーヴァントとして入っていった結果が、ここに現われているともいえよう。と同時に、そこには社会構成の階梯のなかに、「サーヴァント」という項目はなく、かれらが社会的には自立した、一人前の人格とみなされていないことを示している。じじつ、キングのものをはじめ、当時の「政治算術書」のどれをとっても、女性、子供、「サーヴァント」は出てこない。家父長権の強力であった当時の家族構造の常識からすれば、妻子もまた、たんなる「従属メンバー」でしかなく、戸主だけが社会的に意味のある――したがって、発言権のある――存在だったからである。すでにみたように、政治算術書のなかには、最後に「女・子供・サーヴァント」という項目を設けて、社会的には「無」であると宣言しているものがあるのもこのためである。

したがって、かれらサーヴァントが、雇い主の家族ないし「擬似家族」として扱われたといっても、あくまで戸主である親方に絶対的に服従する「従属メンバー」として扱われたというにすぎない。それに、たとえば、雇い主がかりに死亡したとしても、遺産の相続権などが実子とおなじように認められたわけでもない。(16) また、かれらの実家との関係が完全に切れたというとすれば、それも明らかに言い過ぎであろう。結局は、農村史の専門家であるP・ホーンのつぎのような説明が正鵠を射ていることになろう。「しかし、雇用市を通じて仕事を求めた農業サーヴァントやレイバラーにしても、実家との結びつきは続いている。一年の雇用期間満了後には雇い主を変えるつもりのサーヴァントも多かったが、もとの場所から半径一〇マイルを越えて異動する者もほとんどいなかった。ここでかれらは雇い主といっしょに住み、いっしょに働き、台所で食事をともにし、農業サーヴァントの場合は、おなじ屋根の下で眠ったものである(17)」。

ところで、一見この説明と矛盾しそうにも思えるが、年雇いか否かはともかくとして、サーヴァントというものが、一般に非常に頻繁に雇い主をかえたことも事実である。ようやく解読されたリチフィールドの主教ウィリアム・ロイドによるスタフォードシア・エクルズホール教区の調査では、元サーヴァントの染色工R・ウッドの例がみられる。ストーク・オン・トレントに生まれたかれは、シュロップシアのニューポートでサーヴァントをはじめ、半年後エクルズホールにきて一年、またシュロップシアのアストンで二年(ここでは「一年で雇われたが、二年いた」)、ついでストークの

図 2-1　R. ウッドの奉公先．スタフォードシアとシュロップシアの6都市（*The Royal English Atlas*, David and Charles Reprints, 1971）

バックノール教区に戻り、さらにエクルズホールに帰って、ジョン・アディソンなる人物の作業場で働くようになった、という[18]。いま少し一般的な例としては、ヨークシアの平野部に位置する九教区について調査したホルダネスも、各職種のうちでも、レイバラーとサーヴァントがもっとも地理的流動性が高いと結論し、「農業サーヴァントが教区簿冊にあらわれることは滅多にないが、かれらが契約の切れ目切れ目に、仕事を求めて、全国を自由に移動していたことは間違いない。〔東部ヨークシアの〕ハンバー川と〔西部チェシアの〕ディー川より北の地域では、一九世紀の遅くまで『サーヴァント』が農業における雇用形態の一般的な特徴であった」ともしている。[19]

ところで、ここでいうサーヴァントのうち、スウィフトがみごとに風刺のきいた『奴婢訓』に描いた家事使用人については、わが国の研究は多くはないが、イギリスではJ・J・ヘクトやD・マーシャルのすぐれた作品があってよく知られている。かれらと農業サーヴァントとの違いは、今世紀の初めでさえ、「都会のサーヴァントと田舎のそれとはまったく違う。後者の場合は、雇い主の家族とまったく利害を共にしている」[20]として、確認されている。また、徒弟については、当然のことながら、経済史の側からみた仕事はわが国にもかなりある。[21]しかし、サーヴァントの中核をなした農業年雇については、内外を問わず、その具体的な存在形態がつぶさに研究されるようになったのは、ごく近年のことである。[22]

こうして、地域の事情や時期、個々のケースなどによって、多様性はあったものの、一般に近世のイギリスでは、庶民の子供は、親元で育児をはじめとする家事や家業の「お手伝い」と、場合によっては少々の手習いをして過ごしたのち、十代半ば以降に

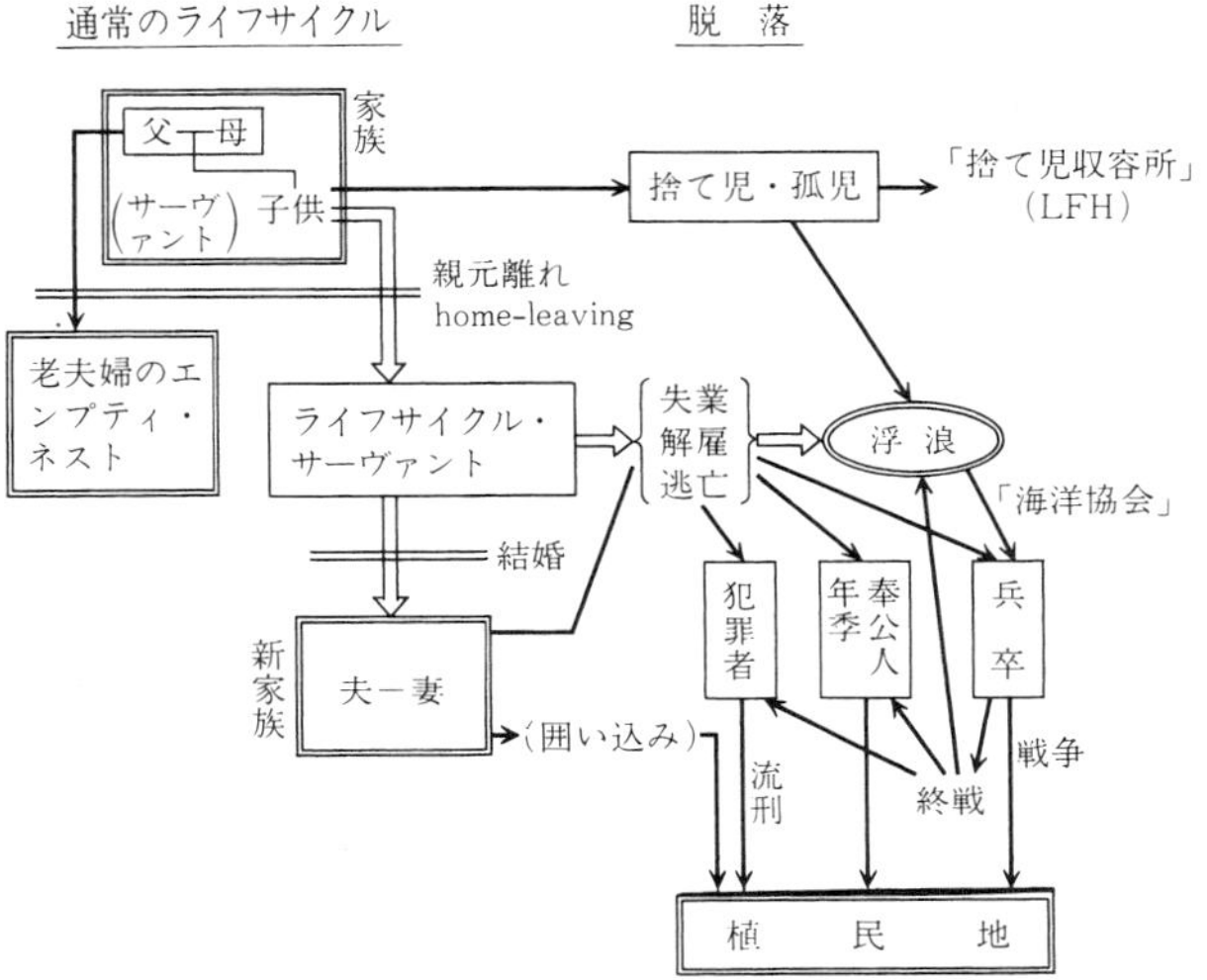

図 2-2　下層民衆のライフサイクルと植民地

は「親元離れ」を経験して、どこか他の家庭になんらかの形のサーヴァントとして入り、そこで十数年を送ったものである。どのような形のサーヴァントになれるかは、親の経済力やコネクションにかかっており、職業選択をめぐって親子に葛藤が生じることも稀ではなかった。船乗りになろうとしたロビンソン・クルーソーが父親と対立したのは、たんなるフィクションであるが、それとそっくりの対立は、実在の船員で世界を経巡った航海記を残したジョン・バーローの場合にもあった。それどころか、産業革命時代になっても、のちに自叙伝を残したいろいろな職種の労働者の多くが、この点で父親とのあいだに深刻な対立を経験したのである。(23)

家族が比較的豊かで、謝礼金を支払ってもらうことができた結果、徒弟に入ることができた者は、修業に耐えられずに脱走したり、親方が亡くなったりした場合以外は、ひとりの親方の家庭にとどまり、そこで職業訓練を受けるのが普通であった。家事使用人の場合も、比較的長期にわたって同一の雇主のもとにいて、いわば「行儀見習」ないし「家事見習」という名の「職業訓練」をうけた。これに対して、ほとんど毎年、雇い主を変えた農業サーヴァントは、「職業訓練」にあたるものもそれほど受けたとは思えないが、それでも後出の『不運な農夫』の主人公は、当時有望な換金作物であった麻の栽培方法を教えてもらうことを条件にサーヴァントの契約をしており、農業サーヴァントにさえ、「職業訓練」のニュアンスがいくらかはあったことを示している。いずれにせよ、こうしたサーヴァントは、雇い主のもとに従属し、多くの点で社会的には独立した人格とは認められなかった。一般に二〇歳代を中心になされた結婚は、「サーヴァント」の廃業と新世帯の形成を意味したので、この段階でかれらは新たな形態の生業を求めざるをえないことになる。こうして、多くの者は、レイバラーとして農業労働を続けたが、別のかたちで都市や海外に流れた者もある。いずれにせよ、すでにイス取りゲーム化している故郷の村に戻ることは少なかったから、実家の親は、最終的には老夫婦が取り残されることになった。こうして、親子二代の「核家族」が成立するのである。

ところで、このような一八世紀イギリス民衆のライフサイクルのパターンについてのイメージを、多少とも一般的に証明できる集計的な史料はあるのだろうか。すでにみたホルダネスの言葉にもあるように、「全国を自由に移動するサーヴァント」の姿は、本質的に洗礼と埋葬の記録である「教区簿冊」によってはとらえにくい。しかもそれでいて、この「サーヴァント」こそが民衆のライフサイクルにとって決定的な位置を占めているらしいことも間違いがない。じじつ、ケンブリッジ・グループの人口史研究の契機ともなった、ノッティンガムシア・ククノー教区では、一七世紀末のたった二年間で、サーヴァントの四分の三はこの教区から姿を消しており、その流動性の高さがわかる。したがって、ここでは、このククノーのものと同質のいわゆる「ローカル・センサス」、つまり住民リストをみることにしたい。

幸い、一七八二年のベドフォードシア・カーディントン教区について、詳細なリストが残っており、スコフィールドが分析を加えている(24)。この教区では、一般に男子の場合、九歳までの者は全員が親元で暮らしており、一〇歳から一四歳までの者でも五分の一しか親元を離れてはいない。この間、五歳から一一歳までの者の半数は何らかのかたちで就学している。しかし、一〇歳代も後半に属するものは、その五分の四が実家を離れており、二〇歳代となると八分の七までが実家を出ている。二〇歳未満では既婚者はいないし、二〇歳代前半でも既婚者は一八%にすぎないのに、後半の者は六五%が結婚をしている。また、一〇歳代後半の七八%、二〇歳代前半の六八%が、兵役を含む「サーヴァント」となっている。つまり、この時期のカーディントン教区の男子は、一般に、一〇歳代後半に「サーヴァント」として実家を離れ、二〇歳代の後半に結婚をし、新世帯を形成したということである。

他方、女子の場合は、この地域ではレース編みなど、いわゆる「プロト工業」にかかわる職種が、実家から通える範囲にえられた関係で、一五歳から一九歳の女子は、同年代の男子が二二%しか実家にいなかったのに、じつに七一%がなお親元にとどまっていたのである。それでも二〇歳代の前半になると、結婚する者がふえて、この数値は四八％に下がる。

男子のサーヴァントの三分の二と女子のそれの四分の三は、もとの教区から五マイル以内の場所でサーヴァントをしているが、サーヴィスに出る年齢が高いほど、遠方に出掛けるようになる傾向と、七〇キロ以上離れているものの、ロンドンの吸引力も目立っている。いずれにせよ、三〇歳をすぎると、男子の四分の三、女子の三分の二以上は、もはや生まれた教区にはいないこともわかるのである[25]。

ところで、ここでとりあげた三種類のサーヴァントには、それぞれ独自の歴史的消長がある。家事使用人は、本来男女ともに存在したが、どちらかといえば、工業化に伴う中産階級の拡大と、かれらに特有の「上流気取り」のシンボルとして、その数が激増すると同時に、女性化が進行した。農村に住むジェントルマンの家庭の家令や従僕のイメージから、都市ブルジョワの家庭に住み込む「女中」のそれへの転換である。かくて、ヴィクトリア朝イギリスは女性家事使用人の最盛期となり、センサスでも、女性の職種としてはそれが最多数となる。中産階級にとっては、彼女たちを置くことがステイタス・シンボルとなったために、他の生活費を切り詰めてでも、そうすることが必然となったのである。家事使用人はまた、農業サーヴァントより、名誉《レスペクタブル》あるものとみなされてもいた。とくに、女性の場合はその傾向が顕著であった。[26] しかし、未婚女性にとって、工場での「女工」よりは、行儀見習いの意味をもった「女中」の方が望ましい、とするようなメンタリティが消滅した一九二〇年ごろからは、家事の機械化の進行もあって急速にその供給が減少し、第二次大戦後は、貴族階層でさえ、いわゆるオ・ペアなど外国人の家事使用人に依存するほどになった。この種のサーヴァントでさえ、結婚はサーヴァントの廃業を意味することが多かったことは、たとえば、ノッティンガムの食品商の娘で、白鉛製造人の未亡人であったアビゲイル・アンナ・フロストの日記に登場する多くのサーヴァントをみてもわかる。たとえば、一七八一年五月一日(火)の項には「わが家のサーヴァントのトマス・ハーディ、モリー・パトリッジと結婚。彼女はキャッサンドラ・ウィロビー夫人のサーヴァント……をしていた。ハーディは八月にすっかり暇をとった」とある。[27]

徒弟の衰退史にかんしては、すでに多数の著作がある。一八一四年の徒弟法廃止よりはよほど以前に、制度の強制力はなくなっていた。一七五〇年ごろには事実上崩壊がはじまっていたものと思われるが、一七八〇年ごろが決定的なターニング・ポイントであったようである。ただ、技術習得のための機構としての意味はかなり後まであったとも考えられる。

それにしても、徒弟は中世の制度に起源をもつのに対して、農業サーヴァントの成立史はそれほど明らかではないのだが、ただそれが、むしろ中世の農村秩序がくずれ、資本主義化が進むなかで生まれ、成長した近世社会の産物であったことだけは間違いがない。ハイナル自身、晩婚と核家族を特徴とする西北ヨーロッパに固有の家族パターンは、一般にはせいぜい一七世紀のどこかで成立した、と考えていたようである。じっさい、一七世紀シュロップシアの一寒村の「出来事」を詳細に記録したガウの『ミドル村史』[28]をみると、ジェントルマンの家に三〇年以上住みついた既婚の家令の話や女性サーヴァントと雇い主の情事などは出てくるが、農業年雇に当るものは出てこないのである。ひとつには、それがあまりにも普遍的なことがらであったために叙述されていないともいえるかもしれない。しかし、なお一七世紀には、地域によってこの制度が典型的な形にまでは成長しきっていなかったという、いまひとつの解釈の方がより適切であろう。この点については、次節であげるスティーヴンソンの主張でも確認できる。

また、A・ハッセル＝スミスが分析した一六世紀末北部ノーフォークの例でも、ここでいうような農業サーヴァントは、全農業労働力需要の二分の一ないし三分の一を賄ったというA・カスモールの主張——定説というべきだろうが——以上に重要な役割を果たしているが、雇用は必ずしも一年限りとはいえず、数年であったり、途中にいくらも休止期間があるなど、きわめてフレキシブルであったことがわかっている。つまり、サーヴァントの遍在性は間違いないのだが、必ずしも年雇いにはなっておらず、したがって、おそらく「雇用市」を通じて雇われてはいないらしいということである。[29] 事情は、おなじ時代のエセックスでも、一七世紀後半のケントでも同様であった。エセックスのヘイヴァリング・マナーでは、家族数三人以上の家庭の八三％がサーヴァントらしい人物を抱えていたが、「雇用市」らしいものはみあたらず、都市部では一定の「雇用日」というのもなかった。ただし農村部では、ミクルマスが区切りになっていたもようである。ケントでは、雇用期間そのものがかなり不揃いであった。[30]したがって、「雇用市」と年雇いを特徴とする農業サーヴァントの制度が本格的に完成するのは、地域差は大きいにしろ、主として一八世紀のこととも考えられる。逆に衰退期についても、カスモールによれば、一八五一年センサスでは、大農場の多い南部や東部ではサーヴァントが少なく、レイバラーが多くなっていたが、大農場の少ない北部や西部ではなお、サーヴァントの比率が高かった。つまり、西部や北部は全体にサーヴァントの盛衰史が後にずれたといえよう[31]。

ただし、A・L・ビーアは、とくに地域を特定せずに、ウェッブ(N. Webb)から得た情報として、「一五二〇年から一七〇〇年までのあいだに、[サーヴァントなど]住み込みの労働者の数は五〇％ほど低下し、全人口中の比率も二割から一割に半減した」としている。しかし、その理由の多くは、農業サーヴァント以外のものについてあたえられており、農業サーヴァントについては、具体的なデータをまったく提示していない[32]。

他方、工業化の過程と並行して進行したその衰退史の方は、近年スネルによって詳しく研究された。もとより地域差は大きいのだが、一般に農業に従事する年雇いのサーヴァントの制度は、一七八〇年ごろから衰退が確認されはじめる。原因は三つ考えられる。

第一の原因は、経営効率上のものである。A・ヤングの好敵手であった農学者兼農業経営者W・マーシャルは、ロンドン近郊のサリー州にいた一七七六年六月六日、つぎのように説明している。

熟慮の結果、住み込みの成人男子にかかる年経費は三五ポンド、少年の場合は二三ポンド[成人の賃金を一〇ポンド、少年のそれを三ポンドとして]と考える。これに対して、日雇いの成人レイバラーは、毎日働くとしても、わずか二七ポンド一〇シリングで済み、少年なら一三ポンドしかかからない。したがって、雨の日のことを考えないでも、成人で年七ポンド一〇シリング、少年では一〇ポンドも節約になる。(33)

第二のそれは、家族観にかかわるものである。一八二八年の議会の特別委員会で証言したジョン・エルマンはいう。「近ごろのファーマーの妻は昔とはまるで違っております。サーヴァントを自分の家に入れることには抵抗があるようなのです」と。一八四七年の委員会で証言したエセックスの聖職者ジョン・コックス師も、「いまやファーマーはジェントルマン風になりすぎ、その夫人たちもレディ風になりすぎて、以前のように農場労働者と一緒に住むことはできないのです。[住み込み・年雇いの農業サーヴァントという]制度は、もはや過去のものとなり、二度と復活しそうにはありません」[34]と語っている。サーヴァントは雇い主の家族集団から追い出され、家族は純粋の血縁者のみによって構成されるようになったのである。住み込みでなくなったサーヴァントは、年齢の若さと年雇いである点をのぞけば、レイバラーと変わりはない。一八二〇年代後半の別の証言者も、「［住み込みのサーヴァント制度は］ここ数年は二〇年まえほどには盛んではありません。一般に彼らは、大農場に付設された住宅に住んでいます」とのべている。南部イングランドにかんして、五人から七人くらいの若い農業サーヴァントがまとまって住んだ農場付設の共同住居の記述が、一八四九年の『王立農業協会報』にみられるが、そこにみられる若者たちは、すでに年雇いのそれとはよほどちがい、雇い主の家族には数えられているようにない。ただし、結婚がサーヴァントの廃業を意味する習慣は、なお確認できる。[35]

第三のそれは、農業経営者たちの、教区内での救貧税を負担する階層の一員としてのいわば集団的・地域的エゴに根ざすものである。上記のコックス師はいう。「年雇いのサーヴァント制度の方が当人には好都合なのでしょうが、いまでは少なくとも当地方の農業にあっては、まず存在しないと思います。……農業労働者を年間通しで雇う例は、まず知りません。と申しますのは、そんなことをしなくても、週単位で人はいくらでも雇えるからです。年雇いとなると、定住法の規定により、その教区で定住権が成立し、救貧をうける権利が発生してしまうので、人びとはそれを避けるようになっているのです」と。つまり、労働力として利用はしたいが、当人が失業し、救貧の対象となる場合は、別の教区の負担となるよう、定住権の成立する一年を下回る範囲で雇用することが、きわめて一般的となっていくのである[36]。

事情は、ケンブリッジシアでもよく似ていた。「サーヴァントを年単位で雇う習慣は、定住権を与えたくないという気持ちのために、以前ほど盛んではなくなっている。定住権を得させないように、一年未満の期間で雇うのである。一般にファーマーたちは、年雇いにするよりは、この方法でより安価にすますことができた[37]」。一九世紀前半について、この種の引用はほとんど無限に続けることができるし、その事実を統計的に確認することも容易である。労働供給と定住権(したがって救貧負担)をめぐる地主・農業経営者の地域間対立および彼らと都市的・工業的な資本との対抗関係などについては、社会政策学的な観点からではあるが、わが国でもかねて研究もある。

いずれにせよ、こうして本来は個人のライフサイクルを示すサーヴァントからレイバラーへというコースは、イギリス社会全体の歴史的展開のそれともなっていったのである。系統発生は個体発生とおなじコースを辿ったのである。定住権を与えたくないという意識と、住み込み制の廃止とが重なると、イギリス人の生活意識や家族観にも大きな変化が起こる。徒弟制度の廃止の場合とおなじく、住み込み制がなくなったことが、「安息日が守られなくなり、モラルが弛緩したおもな理由のひとつである。彼らには親方の目が届かなくなったので、好きなところで、好きな人間と寝ることができるようになったうえ、教会には滅多に顔を出さなくなったのだ」とは、(38)はやくも一八世紀末におけるA・ヤングの言である。広義のサーヴァント制度、つまりライフサイクル・サーヴァントの制度は、ハイナルが解明した晩婚の傾向を強化する制度でもあれば、労働力確保の一手段でもあり、また、とくに徒弟制度のように技術相伝のための制度としての側面をもあわせもっていた。しかし、そのうえさらにそれは、ともすると既成社会のノルムから逸脱しがちな青少年を、親方(雇い主)のもとにおいてコントロールする制度でもあった。したがって、サーヴァント制度の崩壊は、必然的にモラルの危機ともみられたのである。ただし、この点では、次節でみる、ライフサイクル・サーヴァント制度に随伴する「雇用市」を反道徳的として批判した人びととは、むしろ正反対の立場にあったことになって、いささか興味深い。

年雇が少なくなり、住み込みが減ると、青少年には「実家」が自分の家族だと考える傾向がつよまる。それこそは、定住権を与えたくない雇い主の側のねらいでもあった。近世的家族から近代のそれへの転換の一因がここにあった。一年に充たない雇用契約は、彼らが収穫後「里がえり」する日数をふやして、「実家」意識をつよめ、通いにでもなってしまうと、サーヴァントが雇い主の家族の一員と見なされるべき条件はほとんどなくなった。このことが、たとえば、もともとサーヴァントとして、実家よりはやや上の階層に当る雇い主の家族の一員とされてきた若者たちの階級意識の形成にどのような影響を与えたのかは、なお今後の研究課題であるが。(39)

こうして、農業における雇用労働の中核としてのサーヴァント制度は、近世社会の最大の特徴となったものの、一九世紀中頃にはその歴史的使命を終える。ともあれ、この制度がいわばピークにあった一八世紀には、一般にイギリス人は人生の一時期を、自分の生まれた家とは別の家庭で過ごしたのだとすれば、このサーヴァントをやめたあとの彼らは、どのような人生航路を辿ったのであろうか。

家族構造史の上からは、結論ははっきりしている。すなわち、概していえば、彼らがサーヴァントをやめるのは結婚のためか、つぎの雇い主を見つけられずに転職するかであったが、いずれにせよ、もとの「実家」に舞い戻ることはほとんどなく、「(老親の面倒をみるために)子供たちが仕事を放り出して……実家に戻るという習慣は、これまでのところ確認できない」のである。十代半ばに生家を離れた彼らは、結局、結婚して新たな世帯を構成し、生家の方は老親のみの「(雛の巣立った後の)空き巣」となってしまう。既婚者が農業サーヴァントを続けることはないから、彼らは何か別の職につくことになるが、その中心が「通い」の農業労働者、つまり同時代の用語でいう「レイバラー」であったこともまちがいない。一八世紀後半から次の世紀の初めの時期をカヴァーする、ヴィヴィッドな日記の作成者として知られる牧師兼地主J・ウッドフォードは、二六年間で二五人のサーヴァントを解雇したが、理由のはっきりしている一五人のうち、半数の七人は「サーヴァントとしては歳をとりすぎた」として、自らやめたものである。(40) 上述のウェスト・ミルの例でいっても、一七五八年に確認できる一八人のサーヴァントのうち、六三年にもその所在が確認できる者が七人あるものの、なおサーヴァントを続けているのはただ一人のみで、この人物も翌年には、もはや確認できなくなる。レイバラーとなった者は四人、職人とファーマーがひとりずつである。ファーマーの場合は、あるいは父から農地を相続しえたのかもしれない。

ウッドフォードのサーヴァントのなかには、軍隊に入隊した者も確認できるが、軍隊というものが、当時女子の売春とともにもっとも嫌われ、むしろ恐れられた職種であったことを思えば、これはサーヴァントを続けられなくなった結果の苦肉の策であっただろう。[41]

三種類のサーヴァントのなかでも、もっとも重要な位置を占める農業サーヴァントの実態については、チャールズ・ヴァーレイの手になるとされる、上述の『不運な農夫』がヴィヴィッドなイメージを与えてくれる。この書の主人公は、継母との関係がうまくいかず、若干の教育は受けたものの、一四歳にしてサーヴァントとなることを決意、見ず知らずの隣の州に出掛けて雇い主にでくわす。最初の年はわずか五シリングの賃金であった。しかし、一年後の年季あけにはその働きぶりを認められ、翌年は同じファーマーの下で、六ポンドという破格の賃金と換金作物である麻の栽培技術を教えてもらうことを条件に、もう一年の契約をした。その後はいったん実父のもとにもどり、近くの町のフェアや市に生産物を売りにゆく手伝いをしながら、継母から逃れるべくひそかにアメリカ行きをめざす。やがて、ヨークシアの港町ハルで西インド諸島経由ニューヨーク行きの船の船長と、現地到着時に四年間の徒弟契約——つまり、いわゆる「リデンプショナー」に近い契約で、こうした徒弟契約は、実際の史料でも確認できる――を交わす約束をするが、この船は手始めにニューカッスルから石炭をロンドンに運ぶ途中で、対仏戦争に巻き込まれてしまううえ、本人はかの恐ろしいプレス・ギャング(海軍強制徴募隊、第Ⅳ章に詳述)にさらわれそうにさえなる。恐ろしくなって田舎に帰る途中で、出会ったのがすでに七五歳という高齢の農夫である。

この老農夫は、若い頃結婚したものの、定住権を持たなかったため、老後のことが気になっていた。このため、「私は妻と共謀して別居し」、独身を装ってサーヴァントとして農家に住み込んだうえ、一年後にその教区で「初めて出会ったふりをしてあらためて結婚した」という。こうすれば、定住権がえられ、将来「歳をとって病気や不具になったとき」、救貧を請求することができるからである。老農夫は、その後苦労をしながらもまずまず成功したのだが、いまはもちろん労働力としてのサーヴァントなしでは、農業を続けることができない。たまたま農場の現場監督(headman)をしていたサーヴァントが結婚してやめたので、わが主人公である若者は、この老農夫にサーヴァントとして雇われるのである。「私の父はファーマーで、すでに高齢だから、いずれ私があとを継ぐことになるから、それに備えて何か役に立つことを学ぶために、この地で一年サーヴァントをやりたい」というのが、かれの言い分であった。実際には、この二度目のサーヴァント生活も二年に及び、その後のかれは、アイルランドやアメリカなど世界を渡り歩くことになる。

フィクションとはいえ、ここに描かれた二つの世代のイギリス人農夫の生涯は、きわめて示唆的である。

国内で自立の機会、つまり、結婚、新世帯形成の機会を得られない若者は海外に目をむける。時代はややさかのぼるが、例のホッテンのリストに登場する一〇〇人あまりの、ウィルトシアからアメリカに渡った移民の動機を詳細に検討したサレルノは、当時農村はもとより、この地域においては、都市でさえ、サーヴァントをおえた若者たちに自立の機会——つまり、結婚の機会でもある——がえられなかった事実を指摘している。近世のイギリスで中・下層民の移動は、徒弟制度によって都市へ移るか、森林=牧畜地域に行って新世帯をつくるかのいずれかのためであったが、その道がふさがれたとき、彼らは国外を志向したのであった。(42) その際、サーヴァントという形態は、ごく馴染みのパターンでもあったのだ。

2　サーヴァントの市——人身売買か

「農家に住み込んだ農業サーヴァントは、『スタッティー(statty)』、すなわち『法定市(Statute Fair)』で毎年雇い入れられた。そのなかには、ベイリフすなわち現場監督、鋤夫、牛飼い、羊飼い、御者、乳絞りと、他に助手をつとめる子供数人くらいが含まれた(43)」。「比較的規模の大きな村では、ミクルマス[九月二九日]に『法定市』すなわち、雇用市が、開かれ、運よく一年単位で雇われることになった男女は、ここで契約をした。羊飼い、馬の世話人、乳絞りやチーズづくりの女、洗濯女などが、全員それぞれの仕事の目印をもって立っており、人探しにきた男女の雇い主は、次つぎと契約をしてゆくのである(44)」。オクスフォードシアのバンベリでも、つとに一六七七年には、いくつかのフェアのなかで少なくともひとつは『モップ・フェア(The Mop)』つまり、雇用市として知られており——おそらく、ミクルマスあけの木曜のフェアと思われる——、そこでは、求職者はそれぞれの職種を示す目印をつけていた。一七六〇年には、天然痘が流行って、この市は町の外で開かれている(45)。

すでにみたとおり、近世イギリス庶民のライフサイクルを特徴づけ、ひいては家族構造や親子関係にも決定的な影響をあたえた年雇サーヴァント制度の核心には、文字どおりの労働力市場としての雇用市、当時の通称でいう「スタッティ(statty)」があった。このフェアは、正式には、一五六二年の「職人法(5 Eliz., c. 4)」に基づいて、郡の役人であったチーフ・コンスタブル(警察本部長)が主催するものだったので、[46]「法定市」すなわち「スタテュート・フェア」と呼ばれるはずであったが、一般には「スタッティ」や「モップ・フェア」の名で知られていた。とすれば、この制度は実際のところ、どのようなものであったのか。たとえば、生きて行く手段として、自発的にアメリカでの年季奉公を選んだ若者たちは、国内の農家でサーヴァントの口を求めるのとよほど違ったことをしたことになるのかどうかを知るためにも、その具体的な実態が把握されなければならない。

サーヴァント制度が普遍的であっただけに、このフェアもまた、たとえば一八世紀には、全国いたるところでみられたはずのものである。しかし、ここでもまた、残念なことに、普遍的・日常的なものは史料として残りにくいという一般原則があてはまってしまう。この種のフェアのもっともヴィヴィッドな描写は、よく知られてもいるように、トマス・ハーディの『遥か狂乱の群れを離れて(*Far from the Madding Crowd*)』にある。この小説の第六章は、ドーチェスタがモデルといわれるカスターブリッジ市で、とある年の二月に開かれた雇用市の描写になっているのである。しかし、いかにリアルとはいえ、しょせんこれはフィクションにすぎない。じっさい、雇用市は誰でもが知っているものであっただけに、簡単な言及は同時代人の日記などにはしばしばみられるものの、その詳細が記述されていることは滅多にないのである。たとえば、ハーディが素材としたもののひとつといわれているハッチンスの『ドーセット州史』(全四巻)にも、州内のフェアはかなり丹念に拾ってあるが、四七ヵ所で開かれているこれらの市のなかで、「雇用市」と明記されているものは、管見のかぎりではみあたらない。開催の日時や取引品目からして、「雇用市」を伴ったであろうと推定できそうなフェアは多いが、記録に留めるべきものとは考えられなかったのであろう。[47]自分のサーヴァントにかんしてはかなりくわしく触れているウッドフォード師にしても、「雇用市」については、たとえばつぎのような記述を残しているだけである。「本日は、リープハムでサーヴァントの雇用のための小治安裁判の日にあたっていたので、帰り道には、そこへでかける無数の青年男女《ラッズ・アンド・ラッシーズ》に出くわした[48]」、と。

それでも、すこし丹念に拾えば、このフェアの実態に迫る記述も、むろん皆無というわけではない。たとえば、A・ヤングと並ぶ一八世紀末の農村通W・マーシャルも、こんな記述を残している。

一七八四年九月二七日

今朝、馬にのって「ポールズワースの法定市(statute)」すなわち、農業サーヴァントの雇用市にでかけた。この州のこの地域では唯一の有名な雇用市であり、イギリス全体としても、この種のものとしては最大の集会であろうと思われる。サーヴァントたちは(とくにレスターシアから)五マイルでも、二〇マイル、三〇マイルでも、歩いてやってくるのである！［しかるべき区画に集められる］サーヴァントの数はおよそ二、三千人にのぼる。

半径数十マイルの地域の農業サーヴァントにとって、この日が年に一度の解放日であってみれば、これも異常な数ではない。それに、以前はこの集まりが暴動に発展することもあったが、取締の結果そういうこともなくなっている。ただ、バラッド歌手

の活動が刺激となって、怠け癖と性的逸脱が起こりやすいのはいまも変わりがない、とマーシャルはいう。(49)

さらに、これはよほど後期のことになるが、一八六二年一二月末に、ヨークの「スタッティ」を訪ねたA・J・マンビーなる人物は、その様子を次のように叙述している。

女の子たちは、市壁の下の歩道に「二列にならんで」雇われるのを待っていた。あちらでもこちらでもファーマーやファーマーの妻が、彼らをつかまえて雇用の交渉をしていた。「あんた、もう雇って貰ったのかね。(Esta getten hirde?)」と、娘に話し掛ける女性がいる。「いいや」と娘がこたえる。「そりゃいけないね。ここで仕事を見つけなんだら、絶対に見つかるまいに。で、給金はいかほど欲しいのよ」。あいにくその先は聞かなかったけれども、交渉は、次の文句で終わった。「いいよ。月曜日(a Munda)にうちへおいで」。(50)

雇用市は、南部や東部では、ミクルマス以後に行なわれることが多かったが、地方によってかなり差があった。たとえば、急進主義の思想に共鳴しつつ、各地を転々とし、一〇〇歳まで生きた奇人サイラス・ネヴィルの日記には、東部のグレイト・ヤーマス近郊で暮らしていた一七六九年、「カトリックの家庭に奉公しないよう、プロテスタントのサーヴァントに警告する広告を、『自由の友』の連中がロンドンの新聞に何度も出していることがわかったので、ノリッジの新聞にも載せるべきだと思い、少し文章を変えて送りつけた。このあたりでは、サーヴァントが雇用契約をするのはミクルマスだから、ことは急ぐべきだ」(九月二一日)とあり、五日後の、九月二六日には彼自身、「昼食後、ケイスターの裁判、つまり、雇用契約のためにサーヴァントが集まってくる市にでかけ」てもいる(51)。しかし、マーシャルにいわせると、「小麦の種蒔き時の真っ最中にあたるミクルマスにサーヴァントを替えるとは、なんと馬鹿げた習慣だろう……イングランド北部にみられる、マーティンマス[一一月二三日]を唯一のサーヴァント交換期としている習慣の方が遥かにましだ(52)」ということになるのであった。じじつ、ノッティンガムシアでは、一七二三年につぎのような指令が出されている。「(一度契約をしながら、より有利な雇用先を求めて雇用市を渡り歩く者がいるので)、本州内のすべてのチーフ・コンスタブルは、サーヴァントの雇用市を一〇月一〇日か同月二六日に開くこと」というのが、それである。[53]このノッティンガムシアやベドフォードシアなど、中部地方の地主の日記類を見ていると、まるでそれが地主の最大の仕事であったかと思われるほど、かれらは各種のフェアに頻繁に出向いているが、たとえば、地主ジョン・ペドリも、一七七七年一〇月一〇日には、「サーヴァントたちに給金を払うので忙しかった」としており、この日が雇用市にあたっていたことを示唆している。[54]

ところで、雇用市とは、結局のところなんであったのか。イギリス社会史研究のひとつの核をなしている「ヒストリ・ワークショップ・グループ」に属するJ・キタリンガムによれば、こういうことになる。「『住み込みの』サーヴァントは、老若男女を問わず、雇用市で雇い入れられた。こうした雇用市は、聖職者やモラリストがしばしば悪として非難したにもかかわらず、一九世紀末まで続いた。『スタッティの日(Statute Day)』は、どこで開かれるにもせよ、一円の労働者階級の人びとにとっては、お祭りとなった。屋台やメリーゴーラウンドが出るうえ、雇用契約がまとまったあとは、深酒をして、乱痴気騒ぎとなるのが普通であった。男にとっても、まるで動物か家畜のように身をさらして品定めされるのは屈辱的だが、女性や少女の場合はなおさらだと批判者はいう。しかし、実際には、選択権は両サイドにあった、というべきであろう」[55]。

このようなキタリンガムの結論は、大雑把には容認しうるであろう。とはいえ、たとえば、一九世紀に「矯正」のためにケープ植民地に送りこまれた「非行青少年たち」でさえ、スラングで「白い牛の市」とよばれた、雇用市そっくりのやり方でプランターに売られていったという事実でもわかるように[56]、このシステムの影響は、イギリス民衆の生活の隅々にまで及んでいただけに、その是非をめぐる一九世紀の議論にあらためて一瞥を与えるとしても、あながち無意味とはいえまい。

雇用市の第一の批判者はモラリストたちであった。結論からいえば、一九世紀のモラリストたちの教説のつねとして、ここでもまた、かれらの主張はほとんど剝き出しのブルジョワ利害を体現するものとなっている。

ここで取り上げる二つの雇用市批判は、いずれも一九世紀中頃のものである。まずはじめに、ヨークの聖職者G・J・チェスターの議論からみよう。いきなり、雇用市は文明の開けたキリスト教国にはあるまじき蛮風だと断定するかれは、ヨークシアでは「シッティング」や「ハイアリングズ」としても知られているこの種のフェアについて、具体的な描写を試み、ついで、この制度が各当事者すべてにとっても、社会全体にとっても有害であると主張する。いささか長文にわたるが、かれの描く雇用市の姿とは、以下のようなものである。[57]

「明るい一一月の朝のこと、市場町はあらん限りの晴れ着に着飾って、近隣の村々から馳せ参じた青年男女、少年少女であっというまにごったがえす。最年少となると一二歳から一五歳のものが多く、たいていは初めて家を出てサーヴァントとなる者である。……しかし、すでにまえからサーヴァントをしている者は、かなりおカネをもっているのが普通である。というのは、ファーマーは年雇の終わりにしか賃金を支払わないからである。……昼ごろになると町は職を求める人びとと、逆に男女のサーヴァントを求めるファーマーたちで溢れ、この日の取引、つまり雇用市がはじまる」。

「ファーマーが男であれ女であれ、サーヴァントとして雇いたいと思えば、『神のおカネ』と通称されるちょっとしたおカネをわたす。額はときによって、半クラウンから半ソヴリン程度である。サーヴァントがこの『神のおカネ』を受け取れば、翌年のマーティンマスまでの雇用契約が成立したことになる。実際に奉公がはじまるまえなら、いつ何時でもこれをファーマーに返せば、契約はなかったものとみなされるが、

『神のおカネ』などというものは即座に使ってしまうのがふつうであったから、そんなことはまず起こりはしない」。かくて、この日の取引は終了する。あとはお定まりのパブを中心とする乱痴気騒ぎである。紫煙もうもうたるなかにバイオリンとオルガンが鳴り響く。スリと売春婦が活躍し、(鉄道のある町でさえ)最終列車に乗り遅れた男女が性的逸脱にはしる。しかも、「原則として、農業サーヴァントは三回の雇用市に出掛ける権利を認められていた一方で、そうした市の開かれる週以外は年中無休であったのだ」。

このあとチェスターは、この制度が雇い主、被雇用者、全体社会のいずれにとっても有害であることを強調し、各地の警察本部長の証言を証拠としてあげている。このシステムはとくにサーヴァントには害が大きい。というのも、それは文明国家イギリスのものとは思えない一種の人身売買であり、じじつアメリカにおける奴隷のオークションを彷彿とさせる雰囲気がある。またそれは、いわばゆきずりの品定めであるため、人格には無関係に体力だけ――それも見かけの――で評価が決められてしまう。しかも、年雇いであるため、雇い主は彼らの教育や福祉には関心を示さない。また、それは、彼らが早くから飲酒や性的逸脱に染まる原因でもある、と。

チェスターの問い合わせに応じたヨークシア各地(当時)の警察本部長も、だいたいこの事実を証言している。たとえば、現ハンバーサイド州グレイト・ドリフィールドの本部長は、「法定市こそはどこにおいても猛烈な泥酔と不道徳の原因である」と主張、「もしこれが廃止されれば、多くの犯罪と不幸が予防されると断言してよい」と結論している。勤務歴二〇年というストクトン・オン・ティーズ(現クリーヴランド州)の警察長官も、雇用市こそは「とりわけ若者のモラルにとって危険だ」という。サーヴァント自身には同情すべき点が多く、雇用の形態を変え、「もっと罪のない(innocent)娯楽を与えてやるべきだ」というのは、ダーリントンの本部長である。その他、ウェザビーやリポンの本部長も同じ意見であった。ヨーク主教管区教育局長も、青少年が悪に染まるきっかけは圧倒的に雇用市であるとしている。

したがって、ジェントルマンたる者、自己の教区の者を率先して雇用し、その際は選択の条件として、人格を重視すべきであるし、サーヴァントにはときどき休暇を与えるべきだ、とチェスターは提言する。モラリストの純粋さと非現実性が、まともに現われた提言というべきであろう。

チェスターにきわめて近い立場で、雇用市の批判をおこなったのが、N・スティーヴンソンであった。(58) かれもまた、さきのミドル村にも比較的近い西部のウスターシア、およびウォリックシア各地の警察本部長による証言を多数引用しているが、そのひとつ、ウスター市で二〇年の職歴を誇るチップ氏の証言は、なかなかヴィヴィッドである。「農業サーヴァントを雇うための法定市、すなわち『モップス』はウスターの郊外セント・ジョンで開かれる。男どもは二列に並んで立ち、その間をファーマーたちが行ったり来たりしながら適当な人物を物色する。適当な相手が見つかると、パブに連れ込んで契約を結ぶ。女子も男子同様、二列に並んで女性のサーヴァントを求める人びとに選ばれるのを待つ。ジェントルマンその他の者が、自分のいろいろな目的のために、いちばん健康で見場のよい娘を選ぶ。……私の知り合いのパブ経営者が美人の、健康そうな女の子を選ぶのをみて、『そんな娘が必要でもなかろうに』と言ったことがある。すると彼はこう答えた。『家内がどこかへ行ってしまったので、なにか眺めるものが要るのさ』と」。

「本来のモップ・フェアが終わると、あとは飲酒や……喧嘩がショッキングなまでに展開される。騒ぎを鎮めるために出動したことは、何度あるかしれない。夜になると、セント・ジョンの町中は、酔っ払って意気軒昂としているカップルを見かけない場所とてない状態になる。……女の子が女衒のワナにおちることもしばしばである」。かくして、モラリストと警察関係者は、異口同音にいう。法定市は、見世物であり、人身売買であって、青少年の就学機会を奪う「およそこの世に存在する悪のなかでも最たるもののひとつである」(職歴一六年のキングズヒース署長ハンフリー氏)。そこでは、ひとの性格などは問題にされず、ひたすら体力だけが買われる。「法定市こそは、泥棒と売春婦とぺてん師の溜り場であるので、社会にとってははなはだ呪わしいものである」(ソルヒル署長ワイルド氏、経験一七年)という次第である。コヴェントリ、ヨーク、リンカンシアなどでは、教会関係者の呼びかけで、パブリック・ミーティングが開かれ、雇用市の非道徳性がすでに糾弾されているという。(59)

これほど有害な「スタッティ」は、じつはそれほど歴史のある制度でもない。こうした市は、「だいたい九月か一〇月の初めにひらかれる。その起源はたいへん古いものもあるが、ウォリックシアやその周辺では、せいぜい七、八〇年前からのもので、多くは私の記憶しているような時代のものである」(60)とスティーヴンソンはいう。もっとも、おおかたは、パブの経営者が客集めのために始めたのだろうというかれの解釈は、いささかうがちすぎというものであろう。

しかし、雇用市の批判者は、モラリストばかりではなかった。つとに、一八世紀末、例の農学者マーシャルは、次のような観察と見解を示している。イングランド西部では「サーヴァントの雇用については、時期も場所も一定はしていない。……[農業サーヴァント]は、年単位か、半年単位か、あるいは週単位で雇われる。……仕事を失ったサーヴァントは、知人に頼んだり、農場を訪ねて回ったりして、職さがしをするのである。……この方が、ファーマーにとっては遥かに便利だし、サーヴァントにとっても、職さがしにいささか時間はかかるものの、雇い主を求めて公共の市で身を晒す[雇用市]の習慣ほど屈辱的ではない(61)」。農業経営者にとっての効率を第一に指摘している点で、この方がはるかに正直ということもできよう。

雇用市は、人身売買の場だとする批判も多かったが、この点は否定すべくもない。先にみた、市《いち》の形態そのものが、まったく家畜の市、とくに「馬の市(horse fair)」に酷似していることも明らかである(62)。雇用市の開かれた場所からしても、そのようにいうことができる。たとえば、すでに触れたオクスフォードシアのバンベリといえば、伝統的にバンベリシアという言葉もあるほど、周辺への影響力の大きい町であったが、それはまた、馬の市でよく知られたところでもあった。また、トマス・ハーディの小説『カスターブッジの市長』の冒頭にも登場する「妻売り」が、伝統的には一般に雇用市でなされたらしいこともわかっている。「妻売り」は、いうまでもなく、宗教的にはほんらい認められない離婚を可能にするために、民衆のあいだで「発明」された慣習であったが、その儀礼化した形式をみると、妻を馬――ないし、ひろく家畜――になぞらえていることは明白である。一八世紀を中心に大流行した「政治算術書」は、すでにみたように、しばしば「女・こども・召使い」を一括して「社会的にはナッシング」であると規定した。しかし、かれらは「無」であるというより、家畜に近い処遇をうける一面もみられたということである。

これらの姿を、年季奉公人移民のなかでも、イギリスではなく植民地で「売られた」いわゆるリデンプショナーの売買風景と比較すると、まことに興味深い。

ところで、こうした批判のための文書ではなく、いま少しニュートラルなデータはないものか。W・オーウェンの『全国フェア案内』[63]と、次の世紀の中頃までは確認できるその後続版が、ほとんど唯一の系統だった史料群であるが、雇用市にかんする情報はそこでも多くはえられない。たとえば、およそ千ヵ所ほどのフェア開催地とその日程、取引商品などが記載されている一七五六年版では、取引品目として「サーヴァント」が出ているものは一二しかない。ほとんどは記載漏れとなっていたというべきであろう。ただし、記載されている限りのものは、北部・東部を除く各地に分布しているようにみえる。日程としては、九月の二一日から二五日と一〇月一〇日のいずれかである。

一般のフェアは、同一の場所で年に何度も開かれることもあるので、開催地の数をかぞえることにあまり意味はないかもしれないが、それにしても一七八三年版になると、総数一三七五ヵ所のうち、二一ヵ所が「雇用市」と明記されている。ハンティンドンシアでは八月一日という特異な日に開かれている。前の版とおなじく、バークシア(三ヵ所)、バッキンガムシア(二)、ハーフォードシア(五)、オクスフォードシア(五)、ミドルセックス(三)という首都圏に近い州、とくに東部コッツウォルズに集中しているのは、情報収拾の都合によるのか、事実の反映なのか、判断がむずかしい。

これに対して、それからおよそ四分の三世紀後、上述のとおり、モラリストの批判も喧しくなっていた一八五九年の版になると、イングランドだけで三〇ほどの雇用市が確認されているものの、地域的には、とくに北部や西部に多くなって、開催の時期も一〇、一一月のものがふえている。しかし、それ以上に特徴的なのは、ウェールズ

（一二ヵ所）とスコットランド（五二）のものが大量にあげられていることである。これも、こうした辺境地域の情報がようやく集められるようになったことを示している可能性もあるが、それが、イギリスにおける農業の地帯構造の変化を多少とも反映しているであろうことも、想像に難くない。じじつ、東部や南部のものは減少し、有名なオクスフォードシア・バンベリのそれでさえ、姿を消しているのである。雇用市の習慣は、近世イギリスの中心部からしだいに辺境へと移って行ったとみるべきであろう。一八世紀後半、先進的な地域では、いわば農業経営の合理化の一環として、非効率的な年雇いのライフサイクル・サーヴァントにかえて、必要なときにだけ労働力を雇い入れる傾向が強まった結果、雇用市の習慣も消滅したのである。そのために、農村における季節失業的な労働力過剰が顕在化したことが、この時期に、ギルバート法とスピナムランド方式に象徴されるような救貧体制の修正が不可避になったひとつの理由であったものと思われる。

こうした変化は、本書の主題である年季奉公人移民との関係でいえば、こうなる。すなわち、アメリカ合衆国の成立を決定的な契機として、年季奉公人のかたちをとる移民がほぼ消滅していった——散発的には一九世紀にも認められるが——時代は、首都圏を中心とする南部・東部で雇用市の習慣が衰えはじめ、典型的なライフサイクル・サーヴァントのパターンが崩れはじめていた時期でもあった、と。イギリスではプロモーターに品定めされ、現地アメリカでは、プランターに競売される年季奉公人のありようは、のちの人間にはいかにも悲惨に映るが、同時代のイギリス人にとっては、地方都市のあちこちで馴染みでもあったのだ。とすれば、雇用市が批判の対象となりはじめたとき、イングランドからのこのタイプの移民が消滅にむかい、イギリスからアメリカへの移民の主たる供給源そのものが、アイルランドやスコットランドなどのケルト辺境に移ってしまったのも、たんにアメリカ側の条件の変化にばかりよっていたのではないといえよう。

ところで、ライフサイクル・サーヴァントとは、文字通り人生の通過点であったから、そのまま生涯この地位にとどまる者は、ほとんどなかった。とすれば、それを「卒業」した近世イギリスの青年たちは、どこへいったのか。かれらがライフサイクル・サーヴァントをやめる最大の契機は、いうまでもなく結婚であった。彼らがまだ生きている老親のもとに帰ることは滅多になかったといわれているから、このことは同時に、新しい世帯が形成されることを意味する。独自の世帯を構成するに至った者は、もはや住み込みのサーヴァントを続けることはできないので、農村では一般に、日雇いないし週雇いの「レイバラー」とならざるをえなかった。[64] しかし、そのような生活がはなはだ厳しいものであったことは、すでにふれたG・キングの社会構成表で、彼らの家計が慢性的に赤字とされていることをみても明白である。とくに、農業の作柄をはじめとする諸条件による失業の危険は、きわめて大きかったといえよう。とまれ、一八世紀後半にバースに近い西部と東部のイーストアングリアの田舎で、地主兼聖職者としての生涯を送ったJ・ウッドフォード師の日記[65]から、年々かれのもとを去っていったサーヴァントたちの事情を拾ってみると、次のようになる。すなわち、一八世紀末の二六年間に合計二五人のサーヴァントが暇をとったが、うち一五人は泥酔や盗癖のために再契約しなかったものであり、残りは本人の方から辞めたことになっている。後者のうち七人は「年齢」を理由としており、事実上、レイバラーとして自立したと思われる。ほかに「軍隊に入隊する」という例があって注目されること、上述のとおりである。

しかし、失業の可能性は、サーヴァントを続けているうちにも十分にありえた。一五六四年から九六年までのあいだに、エセックスで浮浪の廉で逮捕され、職業を明らかにした者のうち半数近くは、「サーヴァント」を名乗っていた。[66] 雇用市がいかにうまく機能したとしても、労働力の需給が均衡していないかぎり、失業は避けがたい。失業したサーヴァントは職を求めて浮浪する以外にない。比較的安定した農村においてさえ、サーヴァントにはほとんど定着性がなかったのは、そのためである。人口史研究の出発点となったノッティンガムシア・クレイワースでも、一六八八年には六七人のサーヴァントがいたが、一二年前のデータにもみられる者は一人しかいない。ノーサンプトンシア・ククノーのケースもほぼ同じである。徒弟の場合も、修業期間が終わると、定着率はきわめて低かった。

かりにうまく雇い主が見つかったとしても、法律では一応禁じられているとはいえ、途中で解雇されることもしばしばであった。病気や盗癖、性的逸脱を口実として雇い主が解雇するケースがほとんどであったが、逆に徒弟やサーヴァントが逃亡したことを示す史料も少なくはない。[67]

したがって、ライフサイクル・サーヴァントは、結婚による新世帯の形成・近代的な賃金労働者(レイバラー)への入り口であると同時に、失業し、浮浪者となり、ついには犯罪者となったり、性的逸脱の結果としての私生児出産にいたる道でもあった。「兵卒」としての軍隊への入隊もまた、のちに詳論するとおり、こうしたぎりぎりの「選択肢」のひとつであったといえよう。一五九七年から一六〇八年のあいだにブライドウェル監獄に送られた者のうち、じつに五六％が「サーヴァント」を自称していたものである。[68] 一八世紀のイギリスでは、失業と浮浪にはじまり、乞食、売春、窃盗などの犯罪行為や、軍隊への入隊に至るまで、いろいろな方法が貧民の生き方として定着しており、それら相互のあいだには高い流動性があったのである。年季奉公人として海外に渡ることが、こうした選択肢のひとつであったことは、いうまでもない。しかし、ことはそれだけではない。近代のイギリスにおいては、こうした犯罪者の多くは植民地に「処理」され、「兵卒」の多くも結局は植民地に送られることになっており、その点にこそ、決定的な特色が認められるのである。

さらにいえば、女子サーヴァントの「性的逸脱」は、雇い主やその息子が相手であることが多かったことは、『ジョーゼフ・アンドリューズ』などの小説類を引き合いに出すまでもない。上述のミドル村でも、そうした例にはこと欠かない。[69] これも前出の聖職者で地主であったウッドフォード師の日記にも、サーヴァントの「性的逸脱」

行為の実例は、しばしば登場する。裁判では勝利したミドル村のメアリ・ゲストでさえそうだが、私生児をもつことになった哀れな女性は、人目を避けてロンドンなどの大都会にのがれるのが普通であった。私生児の多くが、近世社会に特有の「捨て子」となったこともいうまでもない。しかし、こうした「捨て子」の処理においてさえ、近代イギリスの歴史には、植民地の影がつき纏うこと、後述のとおりである。

まず、犯罪の問題からはじめよう。

Ⅲ　強制されてアメリカに渡った移民たち

1　犯罪者移送——刑務所としてのアメリカ植民地

イースト・レットフォードにて、一七二三年一月七日判決。クリストファー・デンプスターの小舟から……三ダースの金属製ボタンと二ダースのガラス製白ボタン、仕立屋用の鋏、所有者不詳のナイフ(二シリング)各一点、フランシス・モートンの所有にかかる樽、石板、ガーター一足分、一〇シリングの窃盗の廉で、ミソンの船頭ウィリアム・バートン、アメリカのいずれかのプランテーションへ七年間の流刑。

［同日同所にて］「ボウトリのシドール」ことジョン・シドール、フランシス・モ

ートンの所有にかかる大樽を壊し、そこから大量のブランデー(時価一〇ペンス)を盗んだ廉により、「複数の議会制定法の規定にしたがって」七年間の流刑。

[同所にて]一七二八年五月三日、ヘイトン在のジョン・セルビイ、持ち主不明の小麦二ペック[一六クォーター]を盗んだ廉により、アメリカ植民地への七年間の流刑。

K・T・ミービイの編集した、一八世紀のノッティンガムシアの記録には、このような形で、九九人の流刑囚が登場する。一〇ペンスというのは、当時ふつうの職人の半日の賃金にすぎない。(1) 店で靴や帽子を盗んだクリストファー・ヘイザーも、リネンのシーツ二枚と枕カヴァーを盗んだリチャード・ステントンも、すべて七年のアメリカ流刑となった。

窃盗犯を中心とする犯罪者への処罰は、海から離れたこの州においてさえ、徹底的に「流刑」であったことが分かる。しかし、一七七五年一〇月二日に雄鶏一羽を盗んで、やはり七年の「アメリカ流し」となったW・フレッチャーのあとは、しばらく流刑の記録は現われない。刑罰の形式に微妙な変化が起こるのは、そこからである。すなわち、一七七八年一〇月九日に至って、次のような記述が現われるのである。

「五六歳くらいと思われる［ヨークシアの］レイバラー、R・ハッキン、先日成立した議会制定法の規定にしたがい、ミドルセックスの監督官のもとで……五年間テムズ川の土砂排除の重労働刑を宣告される。罪状は一〇ヤードのリネン布窃盗である」。同様に、麻袋二枚と大麦二ブッシェルを盗んだM・ウィートリは、テムズの川ざらえ三年間の刑をくらったし、その共犯者は、軍隊に入るか三年間の懲治院での重労働のいずれかを選択させられた。軍隊に入ることが「刑罰」として意識されていたことは、後の議論のために注目しておきたい。ともあれ、一七七九年には、石炭泥棒がやはり三年間のテムズ川での砂利拾いの刑を宣告されている。これらは、テムズ川に廃船を浮かべて刑務所としたために考えだされた特殊な刑である。

それにしても、アメリカ流刑が消滅したのは、なぜか。いうまでもなくそれは、折からの独立戦争の影響によるものであった。このノッティンガムシアの史料では、もう一度だけアメリカ流刑が現われる。一七八四年七月一二日にリネンを盗んだレイバラー、ジョン・グラブが七年を宣告されたのである。独立戦争前から植民地人に評判の悪かった「流刑」制度を、独立して主権を確立した合衆国にさえ押し付けうるだろうという、イギリス支配階級の度はずれた感覚が露骨に現われていて、きわめて興味ぶかい。じじつ、当局者は、アメリカ合衆国がそれを引き受けてくれる希望をもって交渉さえした、といわれている。(2) しかし、現実には新生合衆国は、当然のことながらイギリスの「天然の刑務所」であり続けることを拒否する。大陸会議は各州当局に対し、「外国から合衆国に犯罪者が移送されるのを阻止するための適切な立法」を勧告し、各州はすみやかにこれに応じたのである。

その結果、一七八五年一〇月に、リネンのシャツなどを盗んで三年の流刑となったレイバラー M・トマス以降は、流刑地は「海外のどこか」という曖昧な表現になっている。オーストラリアのニュー・サウス・ウェールズ植民地が、アメリカに代わる格好の「刑務所」となるのは、一七八八年以降のことである。(3)

ところで、この史料にあげられている、年季奉公という名の「流刑」に処せられた犯罪者たちの社会的プロフィールは、どのようなものであったか。一七七五年以前の五五ケースについてみると、三六件(六五・五%)がレイバラーなど不熟練労働者からなっており、さらに二三・六%が熟練度の低い職種にあたっている。つまり、「強制的年季奉公人」の社会的出自は、本書が「全体社会の縮図」というよりは、「貧民説」に引き寄せて考えようとしている「自発的年季奉公人」の構成にきわめて近く、ほとんどその九〇％が下層民によって占められていたことが分かる。別のデータによれば、年齢のピークも、二〇歳代の前半にあり[4]、年齢の点でも、自発的年季奉公人にきわめて近い存在であったといえよう。

ところで、このような「流刑」制度は、具体的にはどのようなもので、いかなる歴史的文脈のなかで確立してきたのか。そもそも近世イギリス社会にあって、犯罪や犯罪者はどのような性格を帯びていたのか。行論に関係する範囲で、たどってみよう。

犯罪史は、社会史研究の重要な一側面である。犯罪行為というものが、多くの点で、当該社会のあり方を敏感に反映するものだからである。このことは、犯罪を犯す側についても、これを取り締まる側についてもいえる。とくに、歴史の大きな屈折点においては、伝統的な生活習慣を維持しようとする被支配層にとっては、ごく日常的で、正当と思われる行為が、いわば時代を先取りしつつある支配層によって犯罪とみなされることも、珍しくはなかった。違いは、権力者と被支配者の間にだけあったのではない。都市的な社会と農村的な共同体のあいだでも、犯罪のあり方やそれに対する権力側の対応は、必然的に異なっていたはずである。

イギリス近世の犯罪史研究は、たとえばフランスのそれと比較するとき、かなり困難な一面がある。イギリスにおける刑法および裁判制度の複雑さ、曖昧さと、裁判がすべて口述ですすめられ、文書化されていないことが、主要な原因である。(5) 四季裁判と巡回裁判の記録を辿ることで、犯罪史の大体の傾向は押さえられるにしても、厳密にいえばもっと簡単な略式裁判もあれば、教会もまた裁判権を留保していたから、総体としての犯罪史像を構成することは至難なのである。裁判所や裁判のシステムが違うということは、刑法そのものがいかにも錯綜していたことを意味する。

しかし、このようになおプリミティヴな状態にあったこの時代の刑法と、それにもとづく裁判にあっても、ひとつの――見方によっては、二つともいえる――際立った現象を確認することができる。

まず第一に、一七・八世紀のイギリスでは、刑法のなかで、有罪となれば死刑が適用される「死刑罪」条項が激増したという事実がある。一六八八年の名誉革命当時、この種の条項はおよそ五〇あったとされるが、一七六〇年代に例のブラクストンが著した『英法釈義』では一六九項前後、次の世紀のはじめには、じつに二二三項を数えたという。[6] 確固とした算定が困難なところがイギリス刑法史の特徴であることは、いうまでもない。ともあれ、一世紀余りのうちに、四倍以上になった勘定である。[7] この事実をごく素直に解釈すれば、刑法はきわめて厳格になったというべきであろうが、果たして現実はどうだったのか。

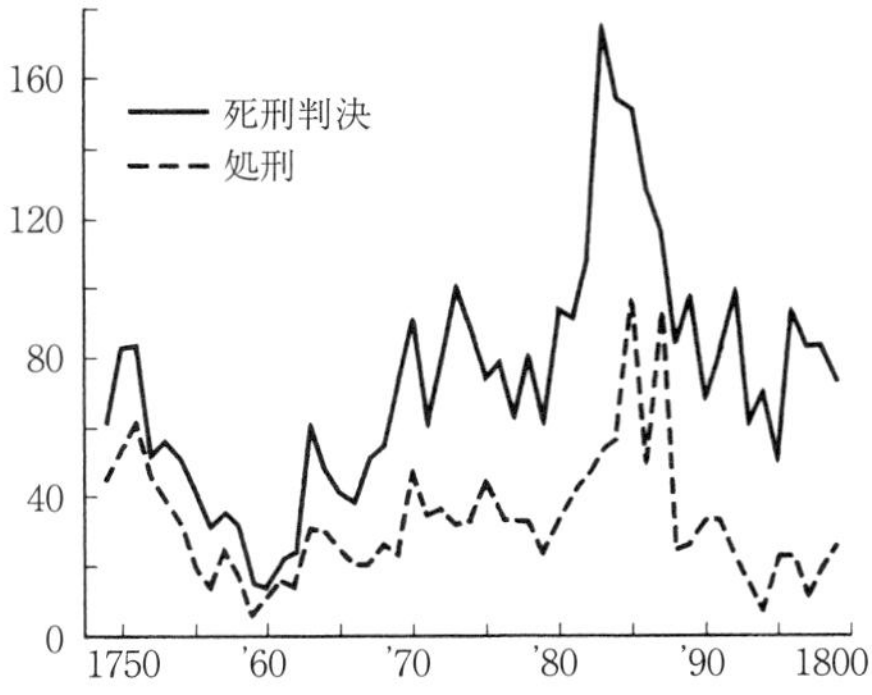

Radzinowicz により作図.

図 3-1　首都における死刑判決と処刑数

図3-1は、ロンドンと隣接のミドルセックスにおいて、死刑判決を受けた者と実際に処刑された者の対比である。[8] たしかに死刑判決そのものは、八〇年代まで漸増傾向にあるといえなくもないかも知れない。しかし、それと同時に同じ図は、死刑判決を受けながら、現実には処刑を免れた人びとの比率も、着実に上昇していったことを示している。すなわち、その比率は一七五〇年代にはなお二六・五%で、ほぼ四人に

一人、六〇年代前半でも三九・七％で一〇人中四人にすぎなかったが、七〇年代前半になると半数をはるかにこえて六四・一％、八〇年代前半でも六〇・五％、世紀末の九〇年代後半には、じつに七九・三％に達してしまう。(9) 死刑判決を受けても、実際に処刑されるのは一〇人に二人というわけだ。(10)

「死刑判決を受けながら、処刑されなかった」というのは、具体的にはどういうことなのか。「死刑罪」条項を激増させた一七・八世紀のイギリス司法界は、他方では、死刑を免除するための法的装置をつくりあげてきたのである。そうした装置のひとつで、もっともよく知られているものは、いわゆる「聖職者特権(Benefit of Clergy)」である。(11) 聖職者は、本来死刑のない教会裁判に付されるべきであって、世俗の裁判所で死刑判決を受けることはありえない。したがって自分が聖職者であることを証明さえできれば、死刑判決は避けうる。しかも、この特権は、中世末以来、ある意味ではしだいに適用基準が緩和され、一七世紀には、旧約聖書詩篇の第五一篇冒頭を読んでみせる、というより暗唱してみせるだけでこの特権の適用を認められるようになり、必然的に処刑を免れることができるようになった。一七〇五年には、さらにいわばこの識字条件もはずされ(5 Anne c. 6)、みずから聖職者だと主張するだけでこの特権が享受できるようにさえなったのである。

しかし、さすがに他方では、この特権の適用を禁じた「死刑罪」もふえていった――一七〇五年には、反逆罪、海賊行為、殺人、放火、夜盗など二五種類、のちには一六九種類の犯罪が適用除外となった――し、そもそも「聖職者特権」適用者は死刑判決を受けないので、この特権が先の統計のギャップを説明するわけではない。死刑判決件数と処刑数のギャップを説明する決定的な装置は、完全に慣習化した恩赦である。たとえば、巡回裁判の最終日には、担当判事はその裁判期間に死刑判決を下した過半数の被告について、一括名簿によって国王の恩赦を申請するのが、ごく普通のやり方となったのである。こうして、犯罪史研究にとっても主要な史料のひとつである『アニュアル・レジスター』誌の「クロニクル」欄などには、裁判の行なわれた都市ごとに「何名に死刑判決、うち何名は流刑に減刑」といった表現がずらりと並ぶことになる。たとえば、一七七〇年の四旬節期の巡回裁判では、メイドストンで四人が死刑判決を受けたが、うち二名はのちに執行猶予となり、エイルズベリでも五人が死刑判決をうけながら三人が執行を猶予され、モンマスでも二人の羊泥棒が死刑を宣告されたものの、一四年の流刑に減刑されている(12)。

『アニュアル・レジスター』誌によって、七年戦争末期の一七六二年の中央刑事裁判所(オールド・ベイリー)の判決をみると、一月には、死刑二名、七年の流刑一六名、一四年の流刑一名、烙印と笞刑が計三名の判決があったが、死刑の二人のうち、ひとりは数日後処刑され、他の一名は恩赦により、一四年の流刑に減刑された。四月の開廷期には、「街道追剝ぎと教会泥棒、私的窃盗の三人が死刑判決を受けたが、まえのふたりは、のちに流刑に減刑された。ほかに、一八人が七年の流刑を申しわたされ、一名は晒し者にされた。さらに、二人が烙印を押され、四人が公開笞刑を宣告された」。このときは、キングストンやウォリック、ロチェスターなどでも二〇人ほどの死刑判決があったが、たいへん興味深いことに、「大半の者は執行を猶予され、アメリカで兵卒として勤務することを条件に恩赦になった」(13)。七月の開廷期には、八人が死刑となったが、そのなかには少女徒弟のアン・ネイラーを虐待し、死亡させたサラ・メチャードとその娘が含まれていた。厳しい寒波の到来した一二月には、死刑三、七年の流刑二六、烙印三の判決があった。三四名は無罪をかちとり、ほかに一二名が放免された。無罪となった者のなかには、情状を酌量された二人の私生児殺しが含まれていた。流刑になったダービンなる男は、かなり組織的に住居侵入を犯していたらしいが、証拠がなく、死刑を免れたという(14)。

一八世紀の初めにイギリスを訪れ、興味深い社会観察を残したスイス人ソシュールは、当時の裁判制度についても興味津津で、とくに一括恩赦にかんして次のような報告をしている。「巡回裁判が終わり、すべての囚人に判決が下されたあと、死刑を言い渡された人びとのリストが国王に提出される。というのは、イギリスでは、国王の承認と認可がないかぎり犯罪者を処刑することはできないからである。国王はしばしばいちばん罪の軽い者二、三人に恩赦を与えたり、アメリカの英領植民地への流刑に減刑したりするのである。アメリカに送られた罪人は、五年から一〇年、一五年、二〇年、ときには終身、奴隷にされてしまう(15)」と。

ところで、法規定をますます苛酷にし、死刑判決を頻発しながら、他方でどんどん恩赦にするという、こうした傾向は、いったい何を意味していたのか。ひとつには刑法の規定が厳しくなりすぎたという事実そのものが、この傾向の原因をなしている。たしかに、凶器を用いない言葉による威嚇でも、とにかく「脅し」をともなったすべての盗み、夜盗、住居侵入などは死刑とされ、方法の如何を問わず、一シリング以上の窃盗は最低でも七年の流刑で、死刑の可能性も強かったのだから、当時の刑法はそのまま適用されれば、あまりにも苛酷であったといえよう。判事たちが、とくに一八世紀に新設された死刑条項の適用には、よほどの躊躇をみせたといわれるのも、これが原因であったかもしれない。被害者が、しばしば告発を渋ったといわれるのも、告発による利益が少なく、むしろさらに出費を強いられる可能性があったことのほか、旧知の人物が相手であるような場合、こうした処罰の苛酷さがブレーキ役を果たしたことも、一因であろう。

しかし、このようなまわりくどい方法がとられたという事実は、まったく別様にも解釈できる。たとえば、一八世紀の刑事裁判全体が、「階級的恭順を引き出すための威嚇」だという解釈がある。[16] もっとも、このような見方には、きわめて強い批判もあるので、ここではこれ以上立ち入るつもりはない。[17]

第三の、もっとも説得的な解釈は、結局のところもっとも古くからある見解である。すなわち、恩赦によるアメリカ流刑が本格化した一六五五年以後、犯罪者移送にかんする規定の大変革となった、一七一八年の「囚人移送法」[18]に至るまでのあいだは、コモンローでも、人身保護法の規定でも、「流刑」や「追放」は禁じられており、聖職者特権の適用を受けられない死刑囚を国王恩赦により事実上流刑に処す以外に、犯罪者を植民地に追いやりつつ、植民地側の労働力需要をも充たすという、一石二鳥の「名案」を実行する術がなかったということである。「囚人移送法」は、聖職者特権が適用される、比較的軽い犯罪を犯した者をも七年の刑期すなわち年季で、流刑にすることを認めたため、これ以後はこのタイプの囚人移送が一般化したのである。上記のノッティンガムシアの例は、すべてこの範疇に属する。しかも、このとき、従来から流刑にされていた聖職者特権外の重罪人、つまり死刑囚には、相変わらず恩赦の方法がとられ、その刑期(強制的年季奉公人としての年季)を一四年ないし終身とされたのである。

したがって、立法の原因や意図がどうであれ、次のような事実だけは確実なのである。すなわち、ますます厳しくなってゆく刑法の規定は、必ずしもそのまま現実に適用はされず、死刑判決が下された場合でさえ、その大半は刑を減じられたこと、その結果、重罪者であろうとなかろうと、犯罪者の大半が結局はアメリカへの流刑という形態をとって処理されたということである。(19)

表3-1は、サリー州における四季裁判――本来は、窃盗犯などの対物犯罪については、微罪をしか扱わなかったが、戦後で犯罪の激増した一七四八年からはこの点も

表3-1　サリー州における対物犯罪者の処罰(%)

年　代	絞首刑	流刑	笞刑	聖職者特免	投獄
1736-39	16.9	64.0	11.2	6.7	1.1
1740-48	9.8	49.3	31.0	8.8	1.0
1749-53	7.1	66.7	23.7	1.1	2.1

Beattie, 'Crime and the Courts in Surrey', p. 185.

変化する——と巡回裁判の記録を集計したものである。巡回裁判では、一般に一シリング以上の対物犯罪(「重窃盗」)は死刑か、七年の流刑、それ以下の場合は笞刑を申し渡した。死刑判決を受けた者の大半がのちに一四年の流刑に減刑されたことは、上述のとおりである。表だけをみても、この時代のイギリスが犯罪者処罰にかんして、いかに植民地に依存していたかがわかる。犯罪の激増したオーストリア王位継承戦争後では、犯罪者の三分の二はアメリカへの流刑となったのである。もっとも、この表の犯罪者総数は、逮捕され、起訴されて、有罪とされたという意味で表面に表われた人びとだけを示しているにすぎない。実際には、多くの犯罪がいわば共同体の内部で処理され、公的権力による処理の対象とはならなかったであろうことは、犯罪史の観点からは、十分留意しておく必要がある。かつてA・L・クロスが集計したロンドンの中央刑事裁判所《オールド・ベイリー》の記録(表3-2)でも、有罪とされた者のうちの圧倒的多数は流刑となっており、刑罰のタイプ別分布は、サリーのケースとほぼ同じである。このような刑

表 3-2　オールド・ベイリーの判決(年間の最終結果)

年　代	起訴	死刑	流刑	烙印	笞打ち	投獄
1729-30	541	48	219	29	24	4
1730-31	501	51	271	28	21	5
1731-32	554	70	209	7	6	6
1732-33	559	52	248	26	4	9
1748-49	670	61	255	21	61	—
1749-50	670	84	258	17	36	2
1760-61	284	22	155	21	17	3
1769-70	704	89	266	27	25	1
1778-79	517	56	—	60	49	12
1802-03	846	88	203	—	99	10

ほかに罰金，海軍戦艦勤務などあり．
〔A. L. Cross, 'The English Criminal Law and Benefit of Clergy during the Eighteenth and Early Nineteenth Centuries', *A.H.R.*, XXII, 19, p. 560〕

罰の形態は、一七世紀アムステルダムで男子の「ラスプホイス」、女子用の「スピンホイス」――男子はブラジル産の染料木ラスプの粉砕、女子は糸紡ぎの重労働を課された――として始まり、そこからヨーロッパ全域にひろがった「刑務所《プリズン》」制度を主体とするシステムとは非常に異なったものであったといえよう。じじつ、一七世紀後半、一八世紀前半のオランダでは、有罪となった犯罪者の三四―五四%が投獄(懲役)を宣告されており、せいぜい一―二%にすぎない上述のイギリスの例とは著しいコントラストをなしている。[20]

いずれにせよ、投獄は社会にとってあまりにも負担が重すぎたし、刑法の規定どおりの処罰はあまりに苛酷すぎると感じられたことが、この現象の一半の理由である。植民地は、よほど開発が進んで、そこでの生活が快適になってしまわない限り、本国にとってまことに安全で、完全な刑務所でありえたのである。しかし、アメリカ、とくにヴァージニア、メリーランド両煙草植民地における強い労働力需要が、いまひとつの理由であったことも見やすい道理である。

流刑になった囚人たちは、現地では年季奉公人として扱われ、自らの意志で年季契約をした移民と区別はなかった。D・デフォーが、『モル・フランダース』の作中人物をして次のように語らせているのは、いかにも象徴的である。「なかでも彼女はこの植民地[ヴァージニア]の住民の大部分が、イギリスから惨めな状態でこちらへやってきた人びとであることをよく話してくれました。それによると、彼らはほぼ二つの種類に分けられました。ひとつは船長につれてこられて召使いに売りとばされる人たちで、『奴隷という方が当っている』連中であり、もうひとつは、重罪の判決を受けたり、死刑にあたる犯罪で有罪となって……流刑になってきた人たちだということです。……しかし、彼女にいわせると、『こうした人びとに対しても、ここへ来るとわたしたちは別に差別をするようなことはしません。農園主が彼らを買い取り、年季があけるまで、プランテーションでいっしょに働くのです。……だから……ニューゲイト監獄にいた連中で「治安判事などの」偉い人になっている者も多いのですよ』と」。（岩波文庫版［上］、一三六―七頁。訳文変更）

じっさい、デフォーのこの記述には、現地在住者と称する者の証言もえられる。たとえば、こうだ。「ところが実際には、アメリカについてしまうと、年季奉公人と重罪犯との違いは、たんに名目的なものであるにすぎない、と考えられている。第一、人生の経験もほとんどなく、性格もとくに変っているわけではない人間が、友人や家族、古くからのしがらみをあっさり捨てて、イギリス帝国のつけたしのようなこの辺境の地に、それもサーヴァントになりにくるなどとはとても信じがたい。したがって、一般に五年年季である年季奉公人よりも、［短くても］七年年季である囚人の方が利益の多いサーヴァントだとみなされてしまうのである。私自身、両者の扱いが違っていたというような例はほとんどみたことがない……」。(21) 一七七〇年代になされたこの証言は、年季奉公人の多くがいまなお、甘言につられた「軽率な《アンウェアリ》」貧民であるという認識を示しているばかりか、むしろ現地では囚人の方がまだしも歓迎されたという事情を端的に物語っている。

上述の「囚人移送法」が施行された一七一八年以後、アメリカ独立の一七七五年までにこうしたかたちで植民地に「処理」された犯罪者は、どれくらいの人数であっただろうか。スミスはこの数字をおよそ三万とみたが、最新の推計では、イングランドからの者のみで三万六〇〇〇人――うちロンドンとホーム・カウンティーズで、一万九〇〇〇人以上――、死刑囚以外をもっぱら送り出したアイルランドが一万三〇〇〇人、逆に死刑囚のみを送り出したスコットランドが七〇〇人くらいを記録しているので、総計は五万以上と考えられている。囚人移送法施行前の者を加えると、さらに大きな数字になることはいうまでもない。スコットランドからは比較的少なかったが、それでも一七〇七年の合同以前から、イギリス植民地に流刑囚を送り込んでいたことは、注目される(22)。

実際に流刑になった人びとについてのまとまった記録は、上記ノッティンガムシアのものと大蔵省文書(The Treasury Money Books, T 53/27〜42)くらいしかない。後者は、一七一九年から四四年までにロンドンと周辺の諸州からアメリカに送られた七二八三名の氏名、服役していた刑務所、移送を請け負ったプロモーターなどの情報を含んでおり、カミンコフによって出版もされている(23)。しかし、この史料からは、囚人たちの生活情報はほとんど得られないので、一般には前者のような史料――散発的なものばかりだが――に依存するしかない。

流刑囚として移送された人びとは、自らの境遇をどう思っていたのか。恩赦によって死刑を免れ、流刑となった人びとの多くは、このことを好運と感じたであろうことは想像に難くない。それでもまれには、このような「減刑」を望まない者もあった、といわれる。また、こんな例もある。東ハンプシアの狩猟場管理人ルイス・ガナーは、パブでピストルを不法に発射した廉で、いわゆる「ウォルサム・ブラック団法」にもとづき、一七二九年に死刑を言い渡されたが、隣人たちの嘆願により、一四年の流刑に減刑された。しかし、保釈になったかれは、仲間とともに火器で武装し、大暴れしたうえ、村人を脅して完全釈放を要求して、これを押し通した。

しかし、逆に自ら流刑を希望する者もかなりあった。エディンバラの最高裁判所では、一七三六年から一七七五年までのあいだに、一〇八人の被告が予め流刑を希望した。その理由を明らかにした九二人のうち、二三人は予想される判決(おそらく死刑)よりはましと思ったからであり、裁判までの長期拘留――「監獄熱」の恐怖がある――を避けたいとした者も七人いた。しかし、四九人と断然多かったのは、犯罪者となった以上はもとの共同体に帰っても、幸福に暮らすことはできそうにないという理由をあげた人びとであった。[24] イングランドから出た流刑囚で、判決前に「流刑」を希望した者についてのデータは得られないが、とくに一七一八年以後の場合、流刑囚のほとんどが死刑になるような罪人などではなかったことも事実だから、そういう例があったとしても、「死刑よりまし」といった判断ではなかっただろうことは確実である。じっさい、ノーフォーク、サフォーク、ケンブリッジシアなどを含むノーフォーク巡回裁判管区の一七五〇年から一七七二年までの記録では、流刑になった者五五六名のうち、じつに五二三人までが一シリング以上の窃盗、いわゆる「重窃盗」犯であった。彼らにしても多くの場合、スコットランド人と同じように、たとえ流刑にならなくても、もとの共同体に帰って暮らすことは考えにくかったのではないか。

一八世紀の流刑囚のほとんどを占めた「重窃盗」犯の場合、この刑罰はきわめて苛酷と感じられた。アメリカへの渡航の費用が節約できたとうそぶいた一四歳の少年の例を、A・R・イーカーチがあげているが、もとより、こんなことは、分別ある大人の考えることではなかった。流刑囚が主としては若い男子で、熟練度が低く、サーヴァントやレイバラーのような人びとであったこと、言いかえれば、自発的な年季奉公人とほぼ同じ社会的プロフィールをもっていたことは、すでにみた。その多くが貧困ゆえに犯罪者となったものであることは、いうまでもない。肉親たちに疎まれ、厄介払いの好機と思われたようなケースもみとめられるが、逆に、本人が家計支持者であるような場合は、その流刑は家族生活の崩壊を意味し、教区にとっては新たな救貧支出の増加を意味した。本人が乳幼児の母親である場合には、子供の養育も大問題であった。貧民の生活があくまで家族を最後の拠り所として成立していたことを思えば、流刑は当人だけの問題ではありえなかったのである。移送される囚人について、家族もアメリカに渡った例が散見されるのも、このためである。恋人である女性が同行しようとした例、家族を連れて行こうとしたスコットランドの羊泥棒など、イーカーチがあげている例も幾つかあるが、第I章で取り上げた出国者調査でも、一七七五年五月の第一週に、流刑になる夫について二九歳の妻メアリ・リジウェイが、エクセターから実際に出航しているのが確認できる。(25) のちに論じる兵士のリクルートに際しても、残された家族の生活の問題は、救貧が基本的に教区単位で編成されていたこととあいまって、(26) 教区にとって深刻な課題となっている。これも後述するが、ヨークシアやスコットランドからの移民が、単身ではなく、いわば家族ぐるみの性格を帯びていたのも、たんにかれらが囲い込みや「人民の一掃《ピープルズ・クリアランス》」によって追い出された人びとだったからというだけではない。

ちなみにこの出国者調査では、主にブリストルから、一八〇人以上の囚人がアメリカに運ばれており、アメリカへの囚人移送の――つまり強制的年季奉公人移民の――最後の局面を示している。この制度の初期には、囚人自らがプロモーターとアメリカ行きの契約をすることが認められていたが、一七一八年以後は、恩赦のひとつとしてとくに認められた者以外は、行政当局が業者と契約するようになった。業者には、ロンドン近辺では一人当り三ポンドの補助金を与える代わりに、年齢・性別――女性囚人は需要が少なかった――、健康状態に関係なく、すべての囚人を引き取ることが条件となっていた。補助金は一七二一年には四ポンド、翌年には五ポンドに値上げされた。この商売は、同じ人身売買とはいえ、奴隷貿易よりコストもリスクもはるかに低く、前者が一般に利潤率一〇%以下といわれているのに対し、二〇%以上の利潤があった。それだけに寡占化もはやく進行し、大半の移送はロンドンとブリストルの少数の商会によってなされた。国内での移送費の関係か、リヴァプールの活動がほとんど目立たないのも、奴隷貿易との違いになっている。

なお、一七世紀には、いわゆる政治犯の流刑が、人びとの耳目をそばだたせた。オリヴァー・クロムウェルが政敵を「バルバドスした(流刑にした)」ことはよくしられている。かれらは一般に教育水準も、社会的地位も高い人びとであったから、現地から窮状を訴える手紙などを送りつけ、これが「年季奉公人」のイメージを非常に悪くしたことも、周知の事実であるが、全体の人数が限られていたと思われるので、ここではとりあげない。

2　戦争と平和と犯罪と

ところで、近世のイギリス社会では、どれくらいの犯罪がおこったのか。一般に犯罪は、対人犯罪と対物犯罪とに分類されることが多いが、単純な喧嘩や殺人、性犯罪、三人以上の集団による騒擾、労働争議までを含む対人犯罪の件数には、全体としては、社会的意味づけが非常に難しい。したがって、以下の議論はもっぱら対物犯罪つまり、他人の財産権に対する侵害に限定しておこなう。(ただし、イギリス近世の犯罪史研究は、近年急激な展開を見せているので、この節では、原史料にまで降り立った検討を加える余裕がない。行論に必要なかぎりで、最近の研究成果をサーヴェイするかたちで進める。)

このように対象を限定してもなお、犯罪件数を数えるという行為には、多くの問題点が指摘されうる。そもそも犯罪件数とは、厳密にいうと何の統計なのか。考えられるケースとしては、(1)当局への告知件数、(2)起訴件数、(3)有罪判決件数などがあるが、史料の実態からすれば、(1)は確認するすべがない。したがってここでは、(2)のデータを用いることになる。当時のイギリスでは、検察機構が裁判機構と明確に区別されていたわけでもないので、厳密にいえば、これでもなお多くの問題が残るが、詳論の余裕はない。もっとも大きな問題は、犯罪の事実がありながら告知されなかった例が多く、告知されても起訴はされなかったケースも多いだろうということである。民衆運動史的な社会史の立場からしばしば指摘されているように、「犯罪」の定義について権力側と民衆のあいだに大きな懸隔があったとすれば、また、たとえ「犯罪」とは認識されても、共同体の内部で処理されてしまう伝統があったとすれば、多数の「犯罪」が当局の目からは隠蔽されたことになるからである。

これだけの留保をおいたうえで、いくつかの犯罪統計、とくに対物犯罪のそれを検討してみよう。主なデータは、J・M・ビーティーの整理したサリー州のそれと、

D・ヘイの整理したスタフォードシアのもの[27]とである。サリー州はロンドンと州境を接しており、北東部一帯は事実上ロンドンのなかに包含されている。したがって、同州はロンドン化した「都市型」の教区と残りの「農村型」教区とに区分して検討する。

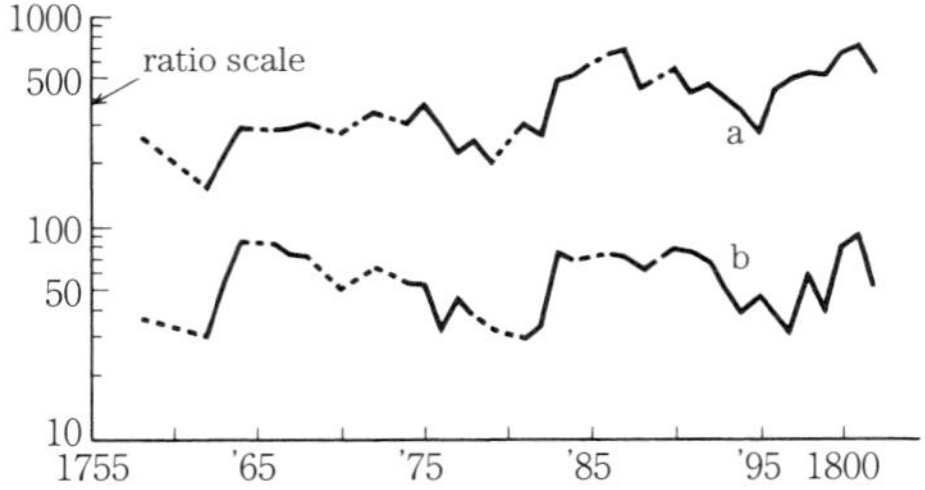

D. Hay による．本文参照．

図 3-2　首都圏(a)とスタフォードシア(b)の対物犯罪件数(巡回裁判)

他方、スタフォードシアは、なお大都会は成立していないが、産業革命の初期から陶器業と鉄工業が発達し、都市化しつつある州であった[28]。少なくとも犯罪地図上は、スタフォードシアが意外に都市的であったことは、各種のデータに照らして明白である。たとえば、図3-2では、スタフォードシアの犯罪件数の変動が、首都圏のそれとほぼ対応していることが読み取れよう。

ところで、サリー州の都市部や農村部の対物犯罪件数は、何によって規定されていたのだろうか。対物犯罪、つまり、要するに強盗や窃盗の類の基本性格からして、第一に考慮さるべきは、食料品

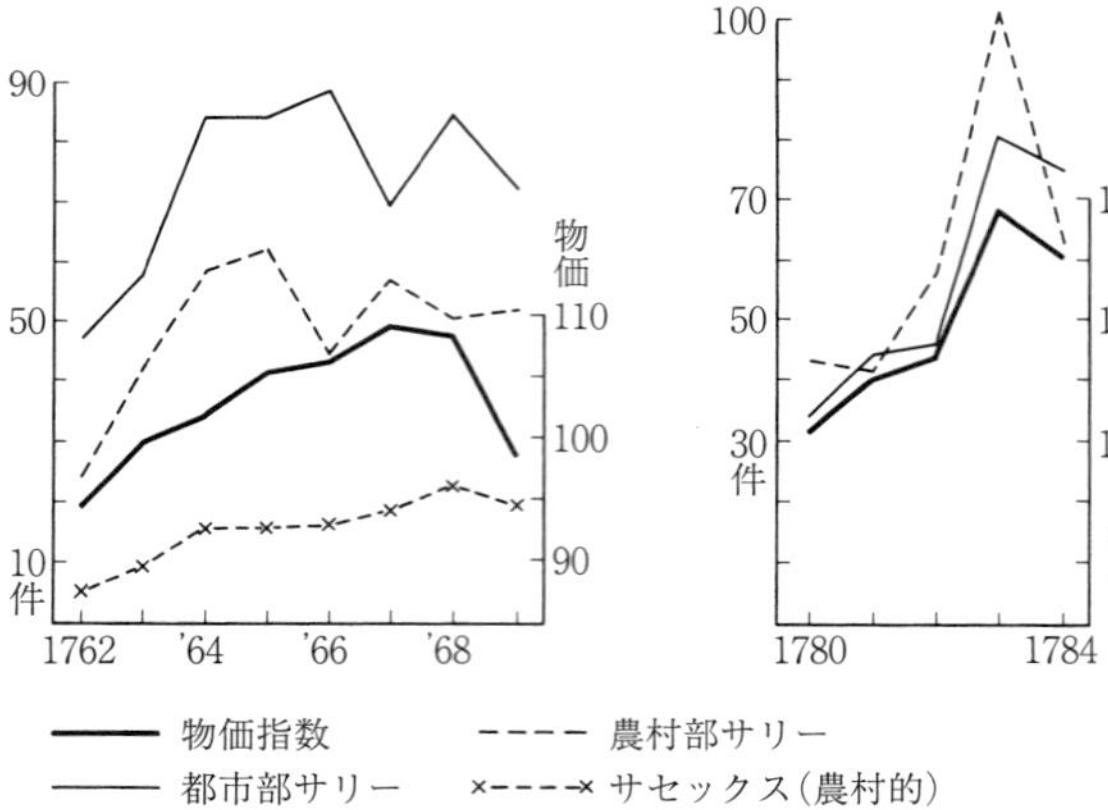

Beattie による．本文参照．

図 3-3，3-4　サリー州の物価と対物犯罪(I)

価格ないし一般物価指数ということになろう。プロの集団はともかくとして、市井の一般人が「盗み」の犯人となる動機としては、貧困からくる生活苦がもっとも考えやすいからである。ちなみに、このような「素人」犯罪者とプロの違いは、初犯者と常習者、単独犯と集団犯、凶暴性の度合いなどによって判別されるが、当時も、こうした区分に従って、判事の対応にかなりの差があった[29]。さて、図3-3と図3-4をみると、都市部、農村部を問わず、物価変動が対物犯罪件数とかなりよく相関していることがわかる。

物価変動は、E・ブーディー・シュンペーターとE・ウォーターマン・ギルボイの作成した指数を用いているが、指数の基礎になっているデータは、主としてロンドンを中心とする南部イングランドのものであるから、サリー州の状況をかなりよく反映もしているはずである。この指数はまた、穀物価格のそれに置き換えても本質的な違いはない。いずれにせよ、二つの図は、対物犯罪の一般的な規定要因が間違いなく物価ないし生活コストであったことを示唆している。同じことは、後出のスタフォードシアのより長期にわたるデータでも確認できる(図3-7)。

しかし、変動の規定要因はそれだけだったのだろうか。図3-5を検討しよう。この図でも、農村部の犯罪件数は、物価変動とかな

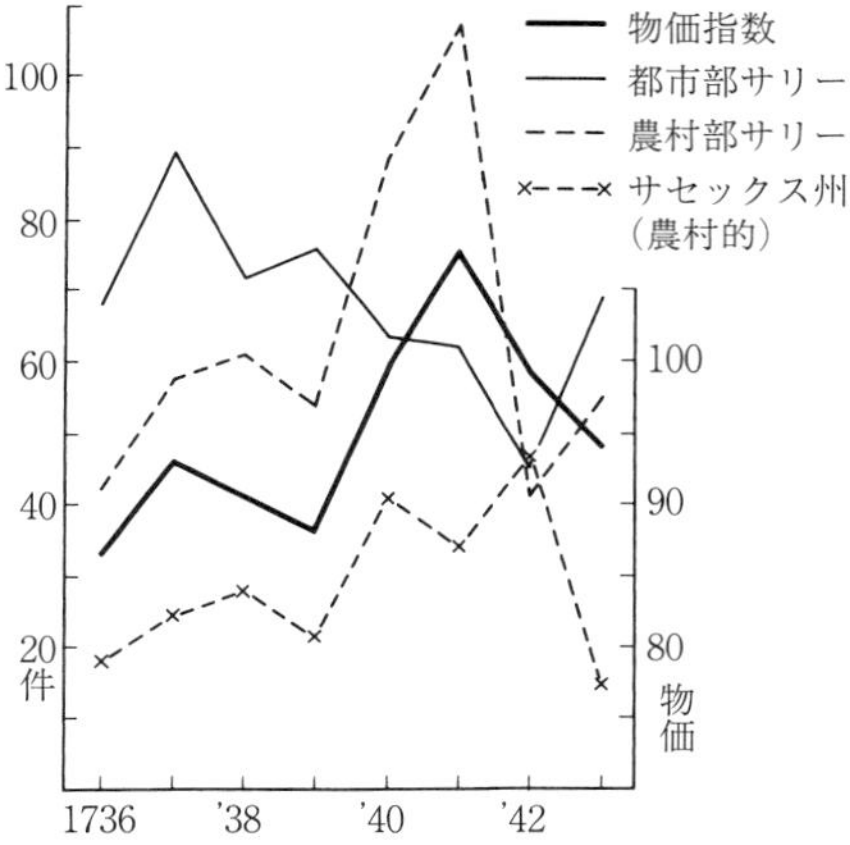

Beattie による．本文参照．

図 3-5 サリー州の物価と対物犯罪(II)

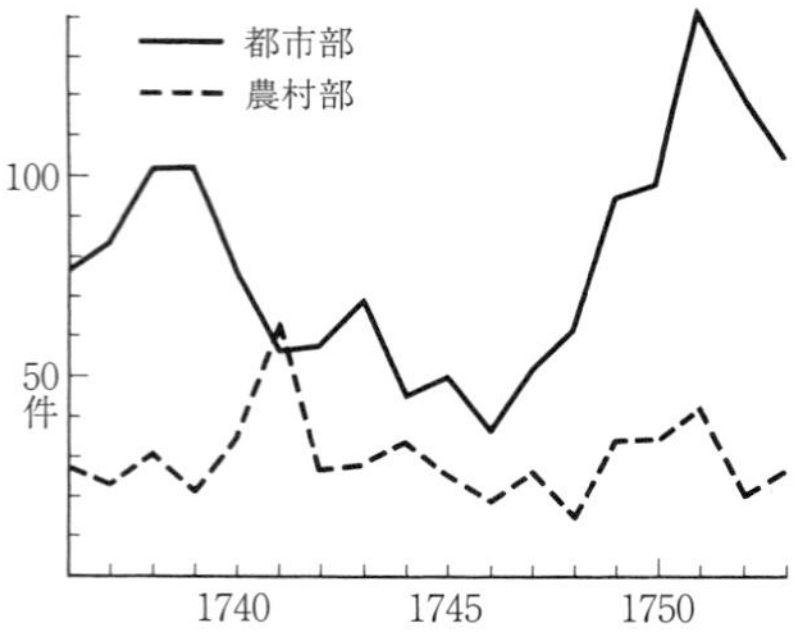

Beattie による．本文参照．

図 3-6　サリー州の対物犯罪(巡回・四季裁判)

りよく相関している。一七四三年だけは何か特異な動きになっているものの、全体的には相関を否定すべき要素はまずない。念のため、サリー州のさらに南部に位置するサセックス州——ほぼ全域が農村的——のデータをとっても、物価変動と見事に相関していることがわかる。

　ところが、都市部の変動をみると、状況はまったく違う。都市部の犯罪件数は、この時期に限っていえば物価とはまったく相関しない。というよりむしろ、両者は逆相関しているようにさえみえる。このような状況はどこからきたのだろうか。

　事態をいま一歩詳しく検討するために、四〇年代を中心とする図3-6をみよう。この図でみると、農村部の犯罪件数が全体に大きな変動を含まず、安定的であるのに対して、都市部のそれは、激しい変動を経験したことがわかる。一七三九年から著しい下降がみられ、およそ九年間低いレヴェルが続いたのち、四八年以降激増したことが確認できる。一七三九年から四八年といえば、いうまでもなくオーストリア王位継承戦争（ジェンキンズの耳の戦い）の時期にぴったり符合する。つまり、都市部の対物犯罪件数は、戦争と平和のサイクルに応じて変動しているのではないか、と想定されるのである。

一七・八世紀のイギリスは、一六五二年以降三度に及んだ対オランダ戦争を経て、一六八九年以後、断続的に対仏戦争を繰り返し、結局、つぎの世紀のナポレオン戦争に至る。すなわち、アウクスブルク同盟戦争、イスパニア王位継承戦争、オーストリア王位継承戦争、七年戦争、アメリカ独立戦争、フランス革命戦争とそれに続くナポレオン戦争とである。これらの戦争は、いずれもフランスを直接・間接の交戦相手としていたばかりでなく、イギリス本土の外で戦われたところに、イギリス社会史にとっての特殊な意味があった。つまり、この意味でこれらの戦争は、その戦場となったアメリカやアジアの住民にとって、また、大陸の民衆にとって、いかに破壊的なものであったにもせよ、イギリス人自身にとっては対岸の火事、といって悪ければ一種のゲーム視されるような側面があったことは否めない。たとえば、ベッドフォードシアやノッティンガムシアのような内陸部でも、戦争の噂がひろがると、物価が上昇するような事実はあったが、人びとはこの戦争を身近なものとはなかなか意識できなかったようである。(30) イギリス人でこれらの戦争を「苦痛」に感じたのは、戦費負担からくる地租の高騰という間接的な影響をうけた中・小地主と、出航停止令や傭船費の高騰に悩んだ貿易商を除けば、港町を中心とする海軍兵卒の強制徴募の犠牲となった人びとくらいであった。

ともあれ、このような性格をもった一八世紀の諸戦争が低い犯罪率と結びつき、終戦が都市部における圧倒的な犯罪の増加を惹き起こしたらしいことは、明白なのである。図3-7をみよう。(31) この図が示しているスタフォードシアの対物犯罪件数は、長期的には文句なしに物価指数と相関している。シュンペーター＝ギルボイ指数が南イングランドのデータを主体としていることを考慮して、スタフォードシアにおける穀物価格のインデックスに置き換えてみても、結果はほぼ同じである。しかし、それと同時に、グラフの下部に示した戦争継続期間の終了直後から、犯罪件数のグラフは物価のカーヴから著しく乖離して、高い値を示す傾向があることも、一見して明白である。

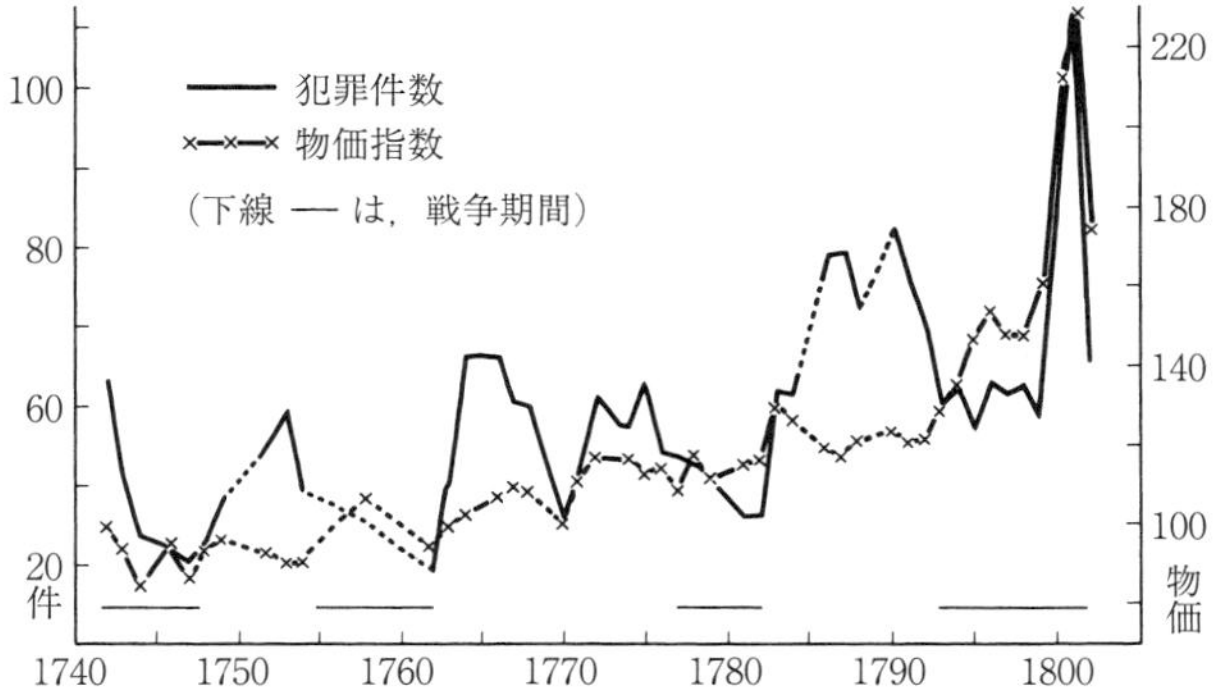

D. Hay による．本文参照．

図 3-7　スタフォードシアの対物犯罪

戦争は国内の犯罪を減らし、平和の到来がいっきょに窃盗や強盗のような対物犯罪を激増させる。この事実は、すでにD・デフォーらが指摘しており、逆に、遅くは一九世紀に入っても、A・ヤングがこのことを問題にしている。[32] 一七世紀末から一九世紀前半までのあいだには、除隊兵士を主な対象とする戦後の雇用・治安問題は、ジャーナリズムや政界の主要話題のひとつであったといって過言ではない。反対に、兵士のリクルートの側からいえば、景気変動、つまり雇用の状態こそが、リクルートの難易度の規定要因となっていたことは、次節で詳論する。

一例をあげよう。一七七六年版の『アニ

ュアル・レジスター』誌は、折からのアメリカ独立戦争に際して、徴兵がきわめて困難になっていることを訴えて、次のようにいう。「現下の戦争が、かくも遠隔地にある陸・海軍にありとあらゆる食料や必需品を補給するために、膨大な数の人びとに雇用を与える。平時ならありえない大量の海運雇用が生じて、彼らが雇われるようになっているからである(33)」と。

戦争が一時的に雇用を増進し、その結果、犯罪が減少したことについては、『ジェントルマンズ・マガジン』誌に、次のような二つの記事を拾うこともできる。まず一七五七年一月一七日(月)の項に、「オールド・ベイリー(中央刑事裁判所)の今季法廷は、本日、審判対象となるべき事件なきままに閉廷となる。いまどきの季節としては、滅多にみられぬ現象なり」とある(34)。ときあたかも七年戦争のさなかであることを思えば、それだけでも事柄の背景は容易に推測できる。しかし、さらに翌年の記事をみると、推測は完全に実証もされることになる。いわく、「昨日はじまりしオールド・ベイリーの法廷は、本日何の案件もないままに閉廷となる。今次戦争がいかに不逞・不埒《ルース・アンド・バッド》な輩を吸収したるかの証左なるべし」、と(一七五八年五月一一日付)(35)。

戦争というものは、人類史的にみれば、つねに人命と財産の破壊以外の何ものでもない。しかし、すでにふれたようにイギリス人にとっては、まるで「対岸の火事」のように戦われた一八世紀の植民地戦争は、イギリス本国に異常な臨時雇用をもたらしたことも事実なのである。戦争が雇用を生み出す筋道はふたつあった。ひとつは陸・海軍の兵卒としての直接雇用であり、もっとも「嫌われた」仕事であったが、いまひとつは、先の『アニュアル・レジスター』誌のいう軍需雇用である。後者では、同誌はもっぱら補給のための財貨およびサーヴィスの需要にもとづく雇用を強調しているが、最大の雇用者数を誇ったポーツマスや「大海軍兵器廠」チャタム、さらにデトフォード、ウーリッジ、シアネス、プリマス、ハリッジなどにおける海軍造船所関係の雇用も大きかった(図3-8)。[36] 七年戦争について海軍による兵卒や船舶、造船資財、資金などのリクルートが、民間経済に与えた影響を検討したR・H・ダムクによれば、海軍は、はじめのうちこそ民間の商船を犠牲にする一面があったが、一七五七年以降は様子が違ったという。つまり、労働力や財貨への軍需は、新たなソースの開発によってみたされたということである。[37] こうして、海軍造船所の所在地は、それぞれに一種の企業城下町として都市に成長していった。たとえば、デトフォードでは一七一一年、住民の「ほとんどは、女王陛下の造船所、ロープ製造所、兵器部の労働者であ

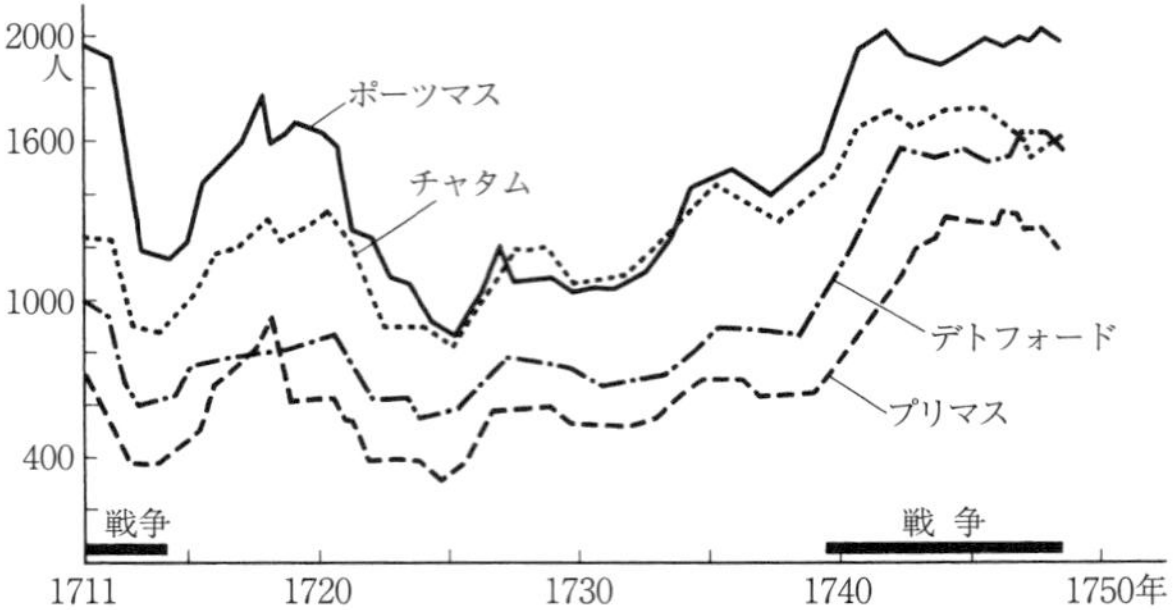

ほかにウーリッジはデトフォードとほとんど同じ動向をもち，シアネスは200人程度から500人程度へ，低い水準ながら順調に成長している．

D. A. Baugh, *British Naval Administration in the Age of Walpole*, 1965, p. 264.

図 3-8　海軍造船所の雇用者数

る」といわれ、一七二〇年代にはデフォードも「ポーツマスの住民は、名誉革命の数年前とはすっかり違っている」として、この町が海軍造船所を中心に急成長したことを伝えている。西南部の重要な軍港プリマスでも、一八〇一年のセンサスでは旧市街の人口一万六〇四〇人に対して、海軍ドックのあるダヴェンポート地区は二万三七四七人に達しており、この町が「基地の町」になっていたことを示している。これらの都市では、戦争と平和のサイクルを基礎とする雇用の変動が極度に大きいことが、ひとつの特徴となっていた[38]。図

3‐8をみれば、戦争とドック労働者の雇用との相関が簡単に読み取れる。(39)

軍人としての直接雇用は、当然のことながら同時代人の目には、もっとも際立ったものであった。海軍省の公式統計でも、一六八八年に一万二七一四人にすぎなかった海軍兵卒は、アウクスブルク同盟戦争中の一六九二年には、四万四七四三人に急増しており、アメリカ独立戦争前の一七七五年には、一万五二三〇人にまで低下したものの、戦争末期の八三年になると一〇万人をこえた。(40) ジョナス・ハンウェイといえば、のちにも詳しくみるように、いまもランベスに実在する「海洋協会《マリン・ソサイアティ》」を創設し、ロンドンの下層貧民の子供たちに衣服を提供して海軍に送り込んでいた人物であるが、七年戦争中の一七五九年になると、「ロンドンには、もはや軍隊に送り込むべき浮浪者の群れはいない」と豪語したといわれるのも、ゆえなしとはしない。一七六二年二月の一史料には、「海洋協会は成人五四五二人、少年四五一一人、計九九六三人に衣服を支給し、海軍に送り込んだ。かの高貴なる組織の有用なることのしるしなり」とある。(41)

事情がこのようだとすると、逆に平和の到来がイギリス社会にとって、大パニックを意味したことは想像に難くない。オーストリア王位継承戦争が終結した一七四八年、七年戦争終結の一七六三年、アメリカ独立戦争の終わった一七八三年に、それぞれ軍籍を離れた兵士の総数は七万、二〇万、一三万と見積られている。そのほとんどが海軍の兵卒であることはいうまでもない。七年戦争後の数値は総人口の三%、兵卒の供給源となった下層人口の世帯数と比較すれば、およそ三〇%の世帯が関係していたことにもなる。たとえ、スコットランドやアイルランドの出身者が多数含まれていたにもせよ、[42]一度にこのような数万、数十万という屈強な若い失業者を吸収する能力は、工業化前のイギリス経済には期待すべくもなかった。そのうえ、より決定的なことに、海軍兵卒の多くが失業者や「通過職業」である「サーヴァント」からリクルートされていたと思われるため、かれらには帰るべき職場そのものがなかったという事情もある。工業化がかなり進行したナポレオン戦争後にあっても、状況は本質的に変わらなかったようで、一八一四年から一六年にかけて除隊した四〇万人の兵士たちも、大きな社会不安を引き起こした。[43]

＊こうした帰還兵問題は、とおく十字軍の時代にも認められるといわれ、エリザベス時代の国事文書にも、すでにそれを危惧する声が聞かれる。[44]

こうして、ポーツマスの軍港でろくに給料も支払われないままに放り出された除隊者の大集団は、そのまま浮浪者、犯罪者予備軍となって、ロンドンへの街道を埋めつくしたのである。輸送のためや造船所で雇われていた人びとも、おなじ憂き目をみたことはいうまでもない。(45)七年戦争末期の一七六三年一月号の『ジェントルマンズ・マガジン』誌には、「大量の陸・海軍兵士、ならびに王立の各ドックで雇用されていた大工などの人びとが、まもなく解雇されるはずであり、彼らのほとんどには帰るべき職場がない」という書き出しの一文が掲載されており、ハンプシアのニューフォレストをはじめとする全国の荒地に彼らを入植させよ、と提案している。同じ雑誌の三月号にも、「もはやもとの職業［の技術］を忘れてしまったり、離れているうちに他の者にポストを取られてしまったりして、職場に戻れない除隊兵士のために」、彼らをカナダ——ノヴァ・スコシアであろう——に送り込もうというプランがふたたび提案されている。(46)

一七四八年、すでにオーストリア王位継承戦争の終結が見通せた時点で、『ジェントルマンズ・マガジン』誌が、次のような表題の、長大な匿名の論説を掲載したのは、経験上こうした成り行きが十分に予想できたからである。すなわち、「いずれ到来する和平によって除隊させられるはずの兵士と水兵の雇用のために、若干の事業を設立すべき旨の提案」(47)というのがそれである。「陸・海軍を除隊させられる者や海軍造船所を閾になる船舶の建設・修理の労働者は、あまりにも多数にのぼるものと推定される。これら貧しい人びとの半数は雇用が得られそうにもないので、まっとうな仕事ではやっていけず、やむなく暴力に訴えざるを得なくなる心配が大いにある」。それゆえ、除隊者の雇用促進のために、何よりも移民――最近ケープ・ブレトンを放棄したあとでもあるので、防衛上の配慮をこめて、仏領植民地との境界にあたるノヴァ・スコシアへの植民――をすすめよ、とこの論説の執筆者は強力に主張する。浮浪者・犯罪者などを兵士として吸収して、植民地帝国形成のための戦争を同時に国内の社会問題処理に役立てた以上は、平和が到来しても、植民地は本国の社会問題の処理場であるべきだ、というわけだ。もとより、このような提言がなくても、いずれ犯罪の道に踏み込んだ除隊者たちは、その七割くらいがいわば「強制された年季奉公人」としてアメリカへの流刑に処せられたし、そうなるまえにも、食いつめて自らサインをして「任意の年季奉公人」となり、新世界に渡った者も数知れない。現に一六八〇年代の『ロンドン市長日誌』でも、はやくも元レイバラーのスコットランド人で二一歳になる除隊兵士アンダーソンや、「ヨークシア出身で、最近軍役を離れたばかり」のジョ

ン・ブレリなどが、自発的に年季奉公人となっている。(48)

ともあれ、除隊兵士をノヴァ・スコシアに植民するプランを推進すべく、これ以後『ジェントルマンズ・マガジン』誌上で大キャンペーンがくりひろげられる。(49) このキャンペーンとのつながりは定かでないが、七〇年代の『出国者調査』には多数のヨークシアやスコットランドの農民が同地に移民してゆく姿をとらえることもできる(第Ⅴ章参照)。問題の論説は、ほかにも南部のサニッジ港とクライストチャーチ港の浚せつやスコットランド漁業の振興などをも提案している。いずれも港湾改良と船員養成という、軍事的配慮をこめた提案であった。一七五一年には、激増する犯罪に対する対策委員会が庶民院に設置され、(50) 死刑のかわりに王立(海軍)造船所での強制労役を科すべきだという提案もおこなわれている。しかし、造船所そのものが労働者を馘首し、犯罪の増加に一役買っている事態からすれば、むなしい提案であったというほかない。

除隊兵士の犯罪防止策は、七年戦争の末期にも、当然深刻な争点となる。たとえば、一七六二年、ハンウェイの「海洋協会」に二万ポンドにのぼる巨額の遺産を寄付したヒックスなる貿易商は、「きたるべき講和によって、海軍を解雇されるはずの[海洋協会から送りこまれた]少年たちは、低賃金のためその一部を貯蓄などできていないので、新しい職を見つける費用として」これを贈ったのである。[51]翌年になると、海軍の将校団が「いま兵役を解除されようとしている二万人ほどの水兵」に、フリゲート艦、軍艦などをすべてあたえ、これまでどおりの給料で、グリーンランドとデイヴィス海峡での捕鯨業に従わせることを提案している。[52]しかし、この種の対応策は、どれも犯罪防止対策としては功を奏することはなかった。じじつ、その結果は、都市における犯罪の激増という統計的事実が雄弁に物語っている。

都市においても農村とおなじく、長期的、一般的には、物価変動こそが対物犯罪件数の変動を規定していたことはまちがいない。しかし、都市、とくにロンドンでは、基調になっているこのトレンドを見失わせるくらい強烈な攪乱要因として、戦争と平和のサイクルが影響したのである。

一七・八世紀イギリスにおける犯罪と犯罪への対処の仕方を検討しようとすると、必然的に重商主義戦争という、帝国＝植民地体制の成立過程に行きつく。当時のイギリスが、犯罪現象やその前提となる失業や貧困といった社会問題の解決を、かなりの程度まで帝国形成のプロセスそのものに押しつけたことは明らかである。帝国形成のための戦争に兵卒として参加した――次章にみるように「させられた」というべきであろうが――人びとは、平和が到来すると食いつめて、自らの意志によってであれ、犯罪行為を通して「強制された」結果であれ、結局はアメリカにおける「白人強制労働力」となり果てることも、多かったように思われる。植民地の獲得と開発の過程は、イギリス本国の「社会問題押し出し」政策としての意味をも、色濃く有していたのである。

このような傾向は、一九世紀にも改められるどころか、いっそう強化されたように思われる。「オーストラリアは、イギリスの刑務所代わり、それも新たな、コストの低い刑務所と見られたのである」という最新の研究の結論は、いささか陳腐でもあるが、正鵠を射たものでもある、といえよう。(53)

Ⅳ　海軍兵士リクルートの問題——「板子一枚《ウッドン・ワールド》の世界」

1　帝国形成の兵士たち

医師　戦費はどこから？　誰が調達しますか？
市民A　ロンドンでさあ。
医師　戦闘員はどこから出しますか。
ボズウェル　わたしもそれが困難なところと思いますがね。
医師　あなた、もう一回戦闘に要する兵員を募ることはできないのです。イギリスはまったく乾からびてしまったことを考えてごらんなさい。ええ、ええ、ロンドンの商人が暖かい炉端でとおく海外の軍隊について話すのは楽なことです……じじつ、わが国には、兵員が乏しいのですよ。

（J・ボズウェル『ロンドン日誌』[1]）

ジョンソン博士の伝記の著者として知られる例のJ・ボズウェルが、一七六二年一二月一一日付の日記に記している、コーヒーハウス「チャイルド亭」での会話である。イギリスが、（七年）戦争をこれ以上継続するのは得策でないと、コーヒーハウスの政談家たちが判断した最大の理由は、兵員リクルートの困難さにあった。コーヒーハウスの政談家でなくても、この問題こそは、一八世紀初頭から次の世紀のはじめにかけて、イギリス政界で最大の話題のひとつであった。わが国では、かつての資本主義発達史的な研究視角からはもとより、近年の社会史的な視角からも忘れられがちである[2]が、度重なる対仏戦争を遂行していくには、たんに戦費の供給だけではなく、各種の資財、とりわけマンパワーの確保が焦眉の急だったのである。結局、一八世紀末の各州に募兵を割当てた「割当法(Quota Act)」と著名な海軍大反乱《ミューティニィ》[3]に行きつくこの問題は、国債をめぐる議論などより、はるかに深く民衆の生活にかかわったテーマだったのである。

問題がこれほど重要であっただけに、つねに議会でもホットな議論が闘わされており、パンフレット合戦も激しかった。前者の例としては、オーストリア王位継承戦争の際の、すべてのイギリス人船員を徴兵の便宜のために登録制にしておこうという提案をめぐる大論戦が目立つし、後者については、ブロムリーの編集した史料集『海軍の兵員確保をめぐる小冊子集』(4)に明らかである。

政府サイドからいえば、戦時にいっきょに大量の海軍兵士(と船舶)をいかにして安上がりにリクルートできるかということが問題であり、民間の商人にとっては、いかにして戦時の輸送コストのアップを防ぐかということが問題であった。これに反して、民衆サイドでは、いかにして恐るべき暴力的強制徴募隊、すなわちプレス・ギャングの餌食にならないですませるか、万一誘拐され、海軍に入れられてしまった場合は、いかにして脱走するか、それも叶わないなら、いかにして誤魔化されずに給料をうけとるか、などということが問題であった。兵士を出した教区では、残った家族が救貧の対象となることが、最大の心配事であった。海軍兵士徴募をめぐる小冊子は、海軍のビルド・アップが本格化した一六九三年以降突如として激増しはじめ、一八世紀いっぱい果てしなく続いたのである。

一七三九年の議会では、有事の徴募のために、「全国の船員、船頭、漁民、はしけの船頭その他海軍軍役の可能な者全員をあらかじめ登録しておくこと」が、ワグナー議員から提案されたが、主として商業関係者のあいだからの強い批判に晒された。「船員が[海軍に入らないのは、イギリス人の当然の権利であって]、かれらがこの生来の権利を主張したからといって、処罰すべき理由はない……。このような登録制は、船員を奴隷におとしめるものだ」。いつ召集されるかわからないのでは、船員がいなくなり、貿易は停止する。とくにこれから船員になろうとする者はなくなる。「したがって、海軍がこのような形で徴兵すれば、わが国の国力も、商業も、ともに壊滅する」というサー・ジョン・バーナードの主張が、標準的な反対意見であった。(5)

論争の締め括りとして長い演説を行なったウォルポールは、戦艦に乗組員を供給することがきわめて困難になっていることを強調しながら、強制徴募が合法と非合法の境界にあるばかりか、きわめて不評であることを認めている。港町ではたいていのところで、民衆のあいだに強制徴募を共同で妨害しようとする意識が芽生えてきたために、「つい二、三ヵ月まえにも、いつもの方法がいろいろ試みられたが、船乗りはひとりとして見付からなかった。知られているかぎりの彼らの隠れ家は捜索され、河川もくまなく調べ、ありとあらゆる手段が講じられたが、ひとりの水夫も獲得できなかった」というのだ。じっさい、民衆があらゆる方法で強制徴募に抵抗したことについては、史料にこと欠かない。すでに一六四六年にさえ、「突如として人を驚かせ、その本職からも、両親や妻子からも引き離される。こうして……自らよくわかってもいない大義のために戦わされ、[ほうほうの体で生き延びたとしても]、失業して乞食になるくらいが関の山だ」といわれたくらいである。(6) 徴募が急激に激しさを加えた一七世紀末以後、兵士徴募への反発がいかに強かったかは、あらためていうまでもない。

ウォルポールによれば、このためかつて強制徴募を停止し、保護を与えることにしたところ、どこからともなく「どっと船乗りが姿を現わし、平時以上に熱心に商船勤務についた。沿岸航海と石炭輸送だけで、少なくとも一万六〇〇〇人の船員が、海軍省に[強制徴募からの]保護を求めてきた」という。「ひるがえって、なぜフランスはかくも恐るべき海上勢力となったのか。彼らが簡単に船員を確保できる、ということをおいて他に理由はない。……船員のいない艦船ほどむなしいものはない。海洋帝国が、もっとも価値の高いイギリス領土の一部だと言いたいのなら、艦船だけでは意味がない。われわれの呼び掛けにすぐにも応えて、突然の遠征にも従える船員こそが必要なのだ」と力説したが、(7) 論戦の結果はかれの敗北に終わった。

戦争をめぐる利害は、農業関係者の反戦論、商業・金融関係者の戦争推進論というほど簡単に色分けできるものでもなかった。こと船員徴募にかんするかぎりは、港町の住民は反対で一致していたというべきであろう。そもそもこのような船員登録制度は、このとき初めて出現したアイデアではない。自発的な登録をめざした提案は、すでに、一六九六年の「船員奨励法(7 & 8 Wm & Mary c. 21)」で試みられたが、任意制であったことが致命的欠陥となって、一七一〇年には廃止されてしまった。一七二〇年には、この一七四〇年のものとおなじ強制的登録制度が提案されたが問題外であった。また、一七四四年には、「海軍艦船により迅速、かつ効果的に船員を供給するための法案」が第三読会まで進んだが、結局成立しなかった。この制度が、ようやく陽の目をみるのは、一八三五年のことでしかない(5 & 6 Wm IV c. 19)。

ブロムリーの史料集に収められた各時期の代表的な提案をみても、基本的には、奨励金の付与と登録制度以外の名案はなかったように思われる。たとえば、一七五六年のB・クリーヴなどは奨励金派であり、一六九四年のキャプテン、ジョージ・セイント・ローなどは、登録派であった。チャタム、ポーツマス、プリマスなどの軍港に家賃のごく安価な住宅をつくって、定着性の高い既婚船員を中心に住まわせておくというC・ノウルズの提案も、一種の登録制であったといえよう。[8]

一八世紀イギリスの兵士供給は、陸・海軍を問わず基本的に志願兵制度と強制徴募（インプレスメント）とからなっていたが、兵卒としての軍隊勤務はあまりにも不評で、志願兵の数は限られていたから、その大半は強制徴募に頼ったこと、後述のとおりである。ともあれ、奨励金の引き上げと適用範囲の拡大は、一八世紀の兵士リクルートのもうひとつの柱であった。たとえば、七年戦争中の一七五七年初頭に、『ジェントルマンズ・マガジン』誌は次のように報じている。「本日、布告が発せられ、水夫なり、見習い水夫なりが進んで海軍勤務につくように、来る二月一〇日以降に志願する者について、五〇歳から二〇歳までの二等水夫には三ポンド、三等水夫には三〇シリングの奨励金を与えることが発表された。三五歳から二〇歳までの、健康な見習い水兵にも三〇シリングが与えられることになった。また、身を隠している二等水夫を連れてきて海軍に入れた者には二ポンド、三等水夫の場合は二〇シリングの報奨金がそれぞれ与えられる。また……すべての逃亡兵は、帰隊さえすれば罪には問わず、逃亡時までの給料も支払われる……[9]」。

この戦争が始まった一七五五年、当局は、一月から一一月までのあいだに九五隻の船舶と二万九二七八人の船員を確保したが、病死者と病気による除隊者だけで三三〇〇人をこえているので、多数を数えた脱走兵をくわえると、それほど増えたわけではないし、七月以降は、リクルートも激減した。翌一七五六年の第一・四半期には、あらゆる努力にもかかわらず、四八二五人がリクルートされたにすぎず、すべての船舶を使うには一万人以上の付加が必要とされていたから、水兵の不足は相変わらず深刻だったのである。五七年初頭に上記のような布告が出され、必死の努力がなされたにもかかわらず一七五七年を通じて、四七〇〇人が逃亡し、一万三〇〇〇人が健康上軍役に不適として兵役解除となったような事情もあり、状況はいっこうに改善されなかった。七年戦争期全体では、一三万三七〇八人の船員が逃亡ないし病死し、そのうち四万人が逃亡兵であった(10)。オーストリア王位継承戦争(ジェンキンズの耳の戦い)の一七三九年七月から四一年一一月までのあいだにも、一万九五三四人が病気のため除隊となり、二六三〇人が死亡、二一四三人が逃亡した(11)。兵士の脱走は、圧倒的に入隊一年以内に集中しており、多くは商船への転向が目的であったと思われる(12)。結局、この戦争の初期には強制徴募の影響などで、商船乗組員が一七五五年の四万六〇〇〇人から、翌年には八〇〇〇人減少した——この間に海軍は一万九〇〇〇人をビルド・アップした――が、後期になると新兵の半数は「犯罪者か外国人」ということになってしまった。

アメリカ独立戦争に際しても、状況はまったく変わらず、「あらゆる奨励政策がとられ、あらゆる方法が試みられたにもかかわらず、……下層民の感情を示す政治的バロメーターと考えられる兵士リクルートの仕事は、イギリスでもアイルランドでも、陸軍についても海軍についても、まったく難航して(13)」いた。奨励金の値上げも効果なく、志願兵が増えなかった理由のひとつは、一六五三年以来、給与がまったく改善されなかったことにある。それでも一七世紀後半から一八世紀前半にかけては、物価が安定していたからまだしもであったが、急激な物価騰貴がはじまった世紀後半にはいると、商船の船員の給料も、それに応じて上昇したからである。海軍兵卒の給与が改善されるのは、ようやく一七九七

表 4-1　海軍における兵士の逃亡率(年率)
7 年戦争期(1756-63 年)

逃亡率(%)	艦船数(隻)
0〜 2.9	6
3.0〜 9.9	13
10.0〜19.9	5
20.0〜29.9	4
30.0〜	2

N. A. M. Rodger, 'Stragglers and Deserters from the Royal Navy During the Seven Years' War', *B.I.H.R.*, LVII, no. 135, 1984, p. 75.

年の大反乱ののちであった。七年戦争中には、二等水夫は月に二四シリング、三等水夫は一九、見習い水夫は一八シリングというのが表向きの給料であったが、これがようやく一七九七年にそれぞれ二九シリング六ペンス、二三シリング六ペンス、二一シリング六ペンスに引き上げられるのだが、これに対して、商船員は、平時でも二五シリング、七年戦争中なら、月に七〇シリングは貰えたのである。(14)

ブリストルをはじめとする、ほとんどの港湾都市は、それでも強制徴募を避けようとして独自に志願兵への奨励金をだしたこともある。早い例では、一七五五年にキングズ・リン市が三ポンドを付けたし、(15)一七七〇年には、ブリストルが二〇シリング、エディンバラが二等水夫に二ギニー、三等水夫に一ギニー、アバディーンも前者に一ギニー、見習い水夫に一五シリングを、それぞれ政府のそれに上積みしたが、(16)それもまったく効果がなかったようである。

こうして、海軍に十分な人を集めるのは、至難の技であった。「要するに軍隊を人で充たすのは貧困と飢餓であって、商売や製造業ではない」と断定したデフォーは、「最近の対仏戦争に際しても、当初の二、三の戦闘によって、長いあいだの平和によってわれわれのもとに残されていただらしのない連中が連れさられたのちには」、兵士は集められなくなったという。(17) また、「(景気がよくて)織布工や紡績工が以前よりも多くの賃金を得ていますので、新兵を募集するのに鉦や太鼓をたたいてみたところで……兵隊はあつまりません」ともいっている。(18) つまり、海軍の兵卒になるということは、不況で失業でもしない限り、考えられないことだったのである。したがって、七年戦争末期の一七六二年、『ジェントルマンズ・マガジン』誌上に次のような投書が現われたのも、さして異とするにはたりない。「陸・海軍の兵士リクルートにあっては、国内でいちばん役に立たない人間を国外で国のために役立たせるというのが、当然のことと思われる。ギルドの徒弟で逃亡している者は、……さしずめこのなかに数えられる。……徒党を組んでかれらのもう一方の商売であるスリを働くような連中が国外に送り出されてしまえば、中央刑事裁判所の仕事もよほど少なくなるだろう」、と。「屋台に群がっている怠け者たちも少しは役に立つようになるかもしれないし、一晩中あちこちのフェアをめぐって人びとを脅している人殺しのせがれたちも」、「罰金が払えずに牢獄にいる貧乏人」も、みんな軍隊にいれて、植民地に送れというのだ。社会の負担になっているジプシーも一六歳から六〇歳までの男子全員を徴兵してしまえば「この人種全体を根絶やしにできる」、というに至っては、背筋の寒くなるもの

を覚えるが、入隊させることが、すなわち「刑罰」でありえたことを、この一文はよく示しているといえよう。(19)

ジェントルマン階級の次・三男にとって恰好の「ジェントルマン的職業」となった将校団とは正反対に、兵卒としての海軍勤務はこれほど不評であったから、志願兵への奨励金の引き上げ程度では、当局にとって事態の改善は望めなかった。志願兵は人数が集まらないだけではなかった。その質も大いに問題であった。一七三九年、キャヴェンディシュ総督は海軍省に書簡を送り、次のようにのべている。「ノーアから送りこまれた五二四人[の志願兵は、それぞれに配属されましたが]、これほどひどい連中は見たことがありません。少なくとも一〇〇人くらいは……天然痘、瘰癧《るいれき》、その他いろいろの病気でロンドンの病院から抜け出してきたような連中ばかりであります。……かれらは、大半が泥棒か、押し込み、ニューゲイト監獄の監獄雀か、ロンドンのゴミのような連中ばかりであります。しかし、六ヵ月分の給与が保証されている以上は、この連中をどうにもすることができません。……要するに、かれらの状態はあまりにもひどいので、どう表現していいのかもよく分からないくらいです」。(20)

状況がこのようであったから、政府としては全面的に強制徴募に依存し、それも極端なやり方を採用するほかなくなった。強制徴募は、商業界はもとより、全国民に圧倒的に不評であったから、下手をすると、国内にいまひとつの戦線をもちこむ可能性をさえ秘めた選択でもあったのだが、ほかに方法がなかったことも確実である。

このために政府が採用した強硬手段のひとつは、全船舶の出航停止命令であった。戦時でも、圧倒的に条件のよい商船勤務を好み、海軍を敬遠する船員が多く、「必要なときに船員が決定的に不足している」からという理由で出された一七五六年三月三日の指令は、さっそく非難の嵐に晒された。イングランドとアイルランドだけでなく、スコットランドにたいしても適用されたこの命令と、同時に展開された強制徴募の強化策とによって「痛撃をうける貿易や海運はどうなるのか。外国船がチャーターされ、わが国の海運は壊滅しよう。……この間の商人の損失はいかばかりか。……戦争によるかかる被害に、陸上の人びとはまず気がつかないのだ」、と。ここにいう、強制徴募の強化策なるものが、政府のとったいまひとつの強硬手段であった。すなわち、従来、証明書によって強制徴募を免除されていたおよそ五万人ほどの船員から、この特権を奪ったのである。とくに、従来、徴募対象からはずされていた副船長《メイト》の徴募は、強い批判に晒された。「これでは、船長は見習い船員と未成年、外国人を使って航海

表 4-2　イギリス海軍兵士のリクルート

	1755 年	1756 年	1757 年
志 願 兵	9,943	4,662	5,765
強制徴募	7,843	4,815	4,295
総数	31,126	19,758	19,682

〔P.R.O., ADM/B/161, 10 JAN, 1759〕
総数と〔志願兵＋強制徴募兵〕の差は，大部分，強制徴募によるもの，と Gradish (*op. cit.*, p. 69) はいう．

するほかなく、……航海中、一睡もできないことになろう」、と。[23]

しかし、いかに不評とはいえ、結局、強制徴募に頼る以外に方法はなかった。七年戦争を例にとれば、強制徴募への依存度は七割にも達した。リクルートの全体の状況を示すデータは滅多にえられないのだが、一七五九年に海軍省が作成した一七五五年から一七五七年にかけての統計がある(表4-2)。この間にリクルートされた者の総数は七万五六六人であったが、このうち、志願兵はわずか二万三七〇人にすぎなかったので、残りの五万人近くは——奨励金支払いのために、志願兵の数値は正確になっていることからすれば、おそらくそれ以上——何らかのかたちで強制徴募されたものと考えられる。

戦争終結時に海軍省が議会に提出した別の報告では、[24] 一七五五年から一七六二年までのあいだに、一八万四八九三人をリクルートし、そのうち三万五〇〇〇人が志願兵、最大限四万人が海兵隊員、つまり陸戦隊と考えられるので、船員で強制徴募の犠牲になった者は一一万人以上と推定される。[25]このような評価に対しては、兵籍簿(muster book)を分析すると、志願兵が五五・六％を占めており、「他の船からの勤務替え」も四分の一を越えているため、強制徴募された者はほとんどの船で五ないし一〇％にすぎない、という批判もある。[26]しかし、批判者があげている五隻の戦艦のなかには、強制徴募された者が三六・四％を占めたエリザベス号のような例もあり、そもそも「他船からの勤務替え」と分類された人びとが、もともとどうして入隊したのかはまったくわかっていない。そこにも強制徴募によって駆りだされた者がかなりいただろうことは、明白である。また、「志願兵」の多くが、じつは強制徴募を食らった者が、話し合いのうえ、奨励金の高い「志願兵」の方にまわしてもらうケースが少なくなかったことからすれば、[27]このような批判者の方の主張には、「強制徴募」の影響を低く見る方向へのバイアスがかかり過ぎていると思われる。[28]

2　プレス・ギャング(強制徴募隊)の世紀

「海に行く人びと(seafaring people)」という英語がある。漁民や船員など海を相手に生活をしている人びとのことである。かれらにとっては、戦争は先にあげたベドフォードシアのような内陸人とは違った意味をもっていた。恐ろしい海軍の強制徴募があったからである。この意味で、一八世紀イギリスの対外戦争は、圧倒的に「海に行く人びと」の犠牲の上に遂行されたものであった。沿海諸州の住民にとっては、強制徴募隊が共同体全体の敵とさえみなされたのは当然である。強制徴募は海軍だけのものではなく、一八一五年までは陸軍でも採用していたのだが、植民地戦争のこの時代にあっては、あくまで海軍が中心で、こちらは一八三〇年代まで続けられた。

「ロンドンの岸辺についた途端に、あやうく強制徴募されそうになったので、ひどく恐くなってしまい、田舎に帰ることにした」。何とかしてアメリカに渡ろうとしていた、例の「不運な農夫」が語る身の上話の一部である。(29) 海軍省の高官で、有名な日記作家のピープスも、一六六六年七月一日につぎのように記している。いわく、「貧しく、我慢強い働き者で、一家の家計を支えている男が、突然よそ者によって連れ去られ、哀れな妻子が取り残されるのを見るのは、たいへんつらい。しかも、あらゆる法に反して徴募手当金も支払われずに、連れ去られるのは、見るに耐えない。これこそ、専制そのものである」、と。

強制徴募隊はこれほど恐れられていたので、信じ難い事件も起こった。「最近、コーンウォールの陽気な三人娘が男装をし、プレス・ギャングのふりをして帽子にバラの記章をつけた。そのうえ、勇ましくもそのままの衣装で、およそ六〇人くらいの男が働いているデニー・ボウルの石切り場に行った。もしもプレス・ギャングが来れば、ゴミといっしょに埋めてやるさと豪語していたかれらは、仮装をした娘たちが見えた途端に、ひとり残らず一目散に逃げだしたものである(30)」。

かくて、強制徴募隊は、民衆の共通の敵とみなされた。議会でも必要悪という者はいても、無条件でこれを支持する者はまずいなかった。スコットランドの哲学者デイヴィド・ヒュームが次のように言ってこれを容認したのは、大半のイギリス人有識者の見解を代表するものであったといえよう。「しかしながら、この[主権在民という]政治原理から我国の議会が外れた唯一の例があります。ほかでもない、例の船員の強制兵籍編入(the pressing of seamen)の問題においてです。この場合国王の非合法な権力の行使が、暗黙裡に、許されています(31)」。

強制徴募隊に対しては、住民がこぞって抵抗することもしばしばであった。「先週のこと、ブライズからきた強制徴募隊がニュービギンに行って、漁民を何人か徴募しようとしたが、結局、敵対的なデモにいっぱい出くわして、かれらはその村から引き上げざるをえなくなった。かれらにとっては屈辱的だが、多くの見物人にとっては、えも言われぬ喜びであった」[32]。こうして、強制徴募をめぐっては、海辺の民衆はつねに反権力の雰囲気を漂わせることになった。海辺の民衆が「権力」を意識させられたケースとしては、密貿易がもっとも流行の題材であるが、圧倒的に多くの人びとの意識を呼び覚ましたという点では、強制徴募には遠く及ばないといえよう。タインサイドなど北東部イングランド各地の「ベネフィット・クラブ」では、いかなる形態をとるにせよ、国王の[海軍に]奉仕すれば、除籍されることになってさえいた、という[33]。

しかし、民衆の抵抗は、このような平和的な手段にばかり依ったのではない。西南部バースの地方紙『バース・アドヴァタイザー』の一七五六年四月二四日号も、次のような事件を報じている。「すぐる日曜日の朝、[バース市の]カーンの近くで、ジェイコブ・スパローなる人物がベッドで眠っていたところ、強制徴募隊に襲われた。かれが降参して、服を着かえはじめたのに、隊員たちがかれを縛ろうとしたために、これを拒み、縛る者は誰であれ刺すぞ、と言った。隊員ウィリアム・ウォットがこれにかまわず、近寄ったために、ナイフで心臓を突かれて死亡してしまった」[34]。こんな例もある。「……一七七〇年、黒人のマイケル・トマスと白人のアン・ブランドリがサザークのセント・オラーヴ教会でまさに結婚式をあげようとしていた矢先に、強制徴募隊によって遮られた。黒人である新郎と、かれの黒人、白人双方の友人たちが抵抗し教会の中は暴動のようになった。この騒ぎで聖職者が傷を負うことになった」[35]。とりわけ、船舶を船ごと徴募するようなケースでは、とくに激しい撃ち合いになることも少なくなかった。「今日午後、この地において、たいへんな騒音とともに、まことに憂鬱な事件が起こりました。戦艦リンクス号の将校たちが、強制徴募のために東インド会社船デューク・オヴ・リッチモンド号に乗り移りました。……東インド会社船の主任航海士[副船長]は、船員たちが武器庫をおさえ、強制徴募には抵抗する構えであると警告しました」。結局、撃ち合いになって東インド会社船のひとりが即死し、数人が瀕死の重傷を負った[36]。フランス革命への干渉戦争の初期に、ヨークシアの石炭積み出し港ウィトビーでも、数百人の群衆が強制徴募隊を取り囲んで攻撃し、退散させてしまう事件が起こっている[37]。

このような騒ぎは、とくにナポレオン戦争の初期には一段と頻繁に起こるようになった。たとえば、ヨークシアの主要港ハルでは、一七九四年七月一九日、デイヴィス海峡から帰港した「サラとエリザベス」号――おそらくは捕鯨船――は、入港直前にフリゲイト艦「オーロラ」号による強制徴募にであった。前者の船員たちは、ハッチの蔭に隠れて逃れようとしたが、強制徴募隊はハッチをこじあけ、発砲したため、船大工で乗組員であったエドワード・ボッグが死亡し、ほかに三人が負傷した。ほとんどの船員が結局は徴募されて、ドーヴァー海峡のノーアに送られてしまった。事件は裁判となり、「オーロラ」号の乗組員の故意による殺人・傷害という判決が出たものの、ときに同艦は、東インド海域に派遣されていて、処罰は宙に浮いた。

同じハルの捕鯨船で、グリーンランド帰りの「ブレナム」号も、一七九八年に二隻の艦船に襲われたが、巨大なナイフと槍で抵抗したため、大きな戦闘となり、近くにいた別の戦艦「ノーティラス」号からも徴募隊の応援がきた。それでも捕鯨船員は屈しなかったために負傷者が続出し、結局徴募をあきらめたが、のちに隊員二人が死亡、この場合は「ブレナム」号の船長がヨークで裁判に付されたが無罪となり、市民の歓呼に迎えられて、ハルに帰還したと、ほぼ同時代に書かれたハル市史は伝えている。また、同年七月二〇日には、ローテン小尉の率いる強制徴募隊が民衆に襲われ、鎮圧のために民兵が動員される騒ぎとなった。一八〇三年には、「ランデヴー」の隠語で呼ばれた強制徴募の拠点、パブ「船の名誉」亭が民衆の攻撃を受け、半壊した。一八一一年になると、徴募隊に船員の居場所を通報しているとして、この町の嫌われ者となっていたジョン・ホワイトの住居が女性を中心とする群衆に襲われるような事件も起こっている。(38)

いずれにせよ結局、強制徴募への抵抗には、(1)公然たる反抗、(2)回避(姿をくらます)、(3)入隊後逃亡する、という三種類の方法があったことになる。

強制徴募がいつ始まったのかは明確にしえないが、それが中世の非常に早い時期からありえたことは確実である。著名なクロムウェルのニュー・モデル・アーミーも、そのほとんどはこの方法によって徴募されたものであった。ただし、海軍の発達は、ようやく一六世紀のことであり、本格的には王政復古以後のことであったから、海軍のための強制徴募も、それに応じて展開したといえよう。エリザベス時代の一五六三年、「海軍維持法」が発せられ、「すべての漁民および船員は、船員として……以外は、兵役に服する義務」はない、と定められた。一七四〇年法は、一八歳未満の者、および五五歳以上の者、イギリス船で勤務している外国人、船員歴二年以下の見習生などは、徴募の対象から外された。(39)逆にいうと、これ以外の船舶経験者――「海に行く《シーフェアリング・》人びと《ピープル》」――は、すべて対象となりうるということであった。しかもこのような制約も、戦争が熾烈になるにつれて、つぎつぎと無視されるようになった。一七五五年には、あまりにも容易で、貿易活動にとってあまりにも有害だというので、これまで禁止されていた港を出航する船――帰港する船ではなく――の徴募さえ行なわれるようになった。地方港の船乗り、つまり、漁船、川船、沿岸航海船の船員たちは、地域の生活に不可欠とみられており、徴募するなら外国貿易船の船員というのが、一般的な考え方であったので、最大の拠点は当然ロンドンということになった。

このはなはだ不評な徴募方式は、次のような手順で実行された。(40) まず、枢密院が強制徴募の指令を出し、これを受けた海軍省は「徴募命令書《プレス・ワラント》」を地方当局に送る。後者は徴募人(プレスター)を指名するのである。海上ではすべての軍艦は、機会があれば徴募にあたることになっており、一七三九年には、陸上では海軍関係者のほか、ロンドン周辺二〇マイル以内のコンスタブルにも、「徴募命令書《プレス・ワラント》」が発行された。徴募隊は、陸上の場合、指揮者一人と副指揮者一人を含めて二〇人ほどのメンバーで構成するのが普通であったが、海上ではその倍くらいの人数でなければ、逆襲されてしまうことが多かった。陸上では船員の出入りするパブが、「ランデヴー」と呼ばれた強制徴募の実行現場となることが多かった。海上の場合は、港の入り口がその場所となったが、帰港船が主な対象であったので、最大の徴募地点となったロンドンでは、テムズ河口の仮停泊地ノーアではなく、ドーヴァー沖の仮停泊地ダウンズが中心となった。強制徴募の第二の拠点となったブリストルでも、同市を流れるエイヴォン川がセヴァーン川に注ぐあたりの仮停泊地キングロードがプレス・ギャングの恰好の地となっていた。このため、ロンドンに入港する商船は、自衛のため、ダウンズの手前からカッターで船員をフォークストンかドーヴァーに逃す作戦を展開し、ブリストルでもキングロードが近くなると、ほとんどの船員を上陸させ、そこをやり過ごしてから再乗船させるようなやり方がとられた(41)。

ブリストルでも、戦争が近づくと事態がより深刻になったのは当然である。七年戦争の直前の一七五五年三月八日付の地方紙によると、「昨夜、役人《コンスタブル》が市内のすべてのパブやインを捜索し、およそ一二〇人の船員をギルド・ホールに収容した。ギルド・ホールでは、一隊の軍人が「逃亡者のないように」監視している」という。強制徴募はその後二ヵ月以上続き、五月初頭には長い航海を終えて、久しぶりに家族との生活を楽しみにしていた一七〇人の船員が、一夜にして強制入隊させられている。

すでに実際に戦争が始まっていた翌一七五六年九月一〇日には、キングロード仮停泊地についた西インド諸島帰りの商船、ヴァージニア・マーチャント号――船員にとっては一二ヵ月ぶりにみるイギリスであった――の乗組員が強制徴募隊に激しく抵抗、撃ち合いの末、死者一名、負傷者数名が出た。船員が結局どうなったかは報道されていないが、その気の毒な運命は推測に難くはない。同様の事件はその後も絶えず、ブリストル市がとくに積極的に戦争に協力していたアメリカ独立戦争期(一七七九年七月一二日)にも、商人でごったがえす取引所にまで踏み込んで、すでに引退していた船長ジェイムズ・ケイトンを連行した徴募隊に対して、市当局が人身保護法を盾として対抗する事件が起こっている。この事件では、例のエドマンド・バークも一役買ったあげく、結局ケイトンは解放されている。(42)

むろん、強制徴募の恐怖は、ロンドンとブリストルに限られていたわけではない。海に面した諸州では、どこでもみられたことである。たとえば、一七三九年七月には、前月のロンドンと同じく、ブリストル、チェスター、ハル、ニューカッスル、プール、リヴァプール、ヤーマスの各都市にも、一人につき二〇シリングの奨励金付きで強制徴募が命じられた。一九世紀中頃に書かれたリヴァプール市史をみると、一八世紀末の「リヴァプールの街路は、つねに暴動と大っぴらな喧嘩に満ちて」おり、「とりわけ、海軍の強制徴募が行なわれるときは、……危険極まりない」状態であった。(43) 強制徴募をめぐる発砲事件もたえず、カネで強制徴募からの保護が売られているという噂もあって、不満がいっそう高まっていたようである。(44)

このような武力による抵抗でなくても、そもそも「徴募命令書《プレス・ワラント》」を受け取った役人《コンスタブル》や市当局者も、この評判の悪い仕事にはしばしばサボタージュをもってこたえた。質のよい船員は友人知己も多く、貿易に依存するこれらの都市としては不可欠な人材でもあったから、要請に応じた場合でも、これらの市は当然のように、救貧の対象になっている者、公共の安寧に脅威となりそうな者を差し出すことが多かったのである。「無数の『海に行く人びと』が、身を隠しており……役人たちも海軍勤務に適した船員や『海にゆく人びと』をピック・アップせず……まったく能力のない素人《ランドマン》をごまんと送りこんでいる……」。(45) すでに一七一八年には、「［ロンドンの］タワー地区のコンスタブルは、タワーハムレットを徘徊している『海に行くひとびと』を捕らえようとしたが、ひとりとして捕まらなかった。治安判事がコンスタブルの邪魔をしたからだ」という報告もある。ロンドンよりは規模が小さく、住民同士の関係が密接であった地方都市では、なおさら非協力的な姿勢が目立った。当局サイドからすれば、熟練した船員を確保するためには、水上でプレスするのが第一としだいに考えられるようになっていった背景がここにある。[46]

一八世紀末のフランス革命への干渉戦争――結局、いわゆるナポレオン戦争につながってゆく――の時代になると、こうした志願兵と強制徴募とに頼るリクルートの方法は、まったく現実に合わなくなってくる。一七八〇年代に水兵リクルートをめぐる論争が新局面を迎えたのも、このためであった。[47] こうした論争の行き着く先にあったのが、一七九五年の「割当法」である。もちろん、強制徴募そのものはさらに一〇年以上にわたって展開され、一八〇〇年には、食料価格の高騰に対する対策として、スコットランド漁業の振興を訴えた議会の委員会が、漁民を強制徴募の対象からはずすことを提案しているくらいである。[48]

3 歴史に残る海軍大反乱――海軍兵士の社会的出自

志願兵制度とプレス・ギャングに依存するリクルートのシステムは、一八世紀末に至って決定的に限界に突き当たった。ひとつには、激しい抵抗にあって、水兵の頭数がまったく揃わなくなったことがあり、他方では、すでに第一節で触れた志願兵の場合と同じように、強制徴募によってあつめられた者にしても、あまりにも質が悪かったという事実もあった。当時の軍人ジョン・マッケンジーの言葉を借りれば、「強制徴募を支持する者もないわけではないが、……かれらは［徴募された者の］本当の性格を知らないのだ、といわざるをえない。こういう連中はたいていまったくの文盲で、ものの考え方は粗野で、混乱していて決断力に欠けている。性格は生まれつき荒々しいけれども、大まかで、恐れを知らないというよりは、結果を考えもしない」。そもそも船員というものは「個人の自由をつよく意識していて、独立性がつよく」、「一般に世界市民という意識をもっている」ので「強制徴募を逃れるためになら、真の国益をも平気で犠牲にしてしまう。そのことは、戦争中でも毎日のように逃亡兵が出ていることで明白に証明されている[49]」。

こうして、フランス革命で対外関係の緊張がいっきょに高まると、海軍兵士リクルートの抜本的な改革が不可避となった。各州に徴兵人数を割当てたこの制度は、それに各地域がどのように反応したかという点で興味深いが、ここにきて初めて、兵士たちの社会的出自にかんする正確な史料がえられるという点でも、よりいっそう注目すべきものである。

小ピット政権下の一七九五年三月と四月に、「割当法(Quota Acts)」と総称される三つの法律(35 Geo. III, c. 5, c. 9 & c. 29)が成立し、まったく新たな海軍兵士徴募の方式が確立した。第一の法は、イングランドとウェールズの各州に合計九七六〇人の徴募を義務づけた。二つめの法律は、主要な港湾都市に対する割当てを規定しており、第三のそれはスコットランドにかんするものである。第一の法律は、まったく新しい原理によるものであっただけに激しい論争の的となり、原案の州別割当数が微妙に修正されてようやく成立した(50)。地方当局がノルマをまっとうしえない場合は、一人あたり三〇ポンドの罰金を支払わされることになっていた。州別の割当て数をみると、極小州であるラトランドの二一人などは別にして、ベドフォードシア、バークシア、ケンブリッジシアなど内陸部の州は二〇〇人をこえるところがまずないのに対し、デヴォンシアの三九二人、リンカンシアの三三四人、サマセットシアの三四八人など、海沿いの州の負担が大きくなっていることがわかる。

当然の結果ではあっただろうが、あらためて対外戦争の負担がこれらの州に大きくのしかかっていたことを、如実に示してもいよう。

にもかかわらず、第二の法律では、東北部のスカーバラは二九七人、ウィトビーは五七三人を割当てられるなど、港湾都市にいっそう大きな負担をかけることになった。各港湾都市の反発が強かったことは、いうまでもない。大量七〇〇人を割当てられたカンバーランドのホワイトヘヴン市は、つぎのように抗議している。「この地域の特殊な事情からすれば、この法で求められている人数の船員や見習い船員を長期にわたって提供することはできません。奨励金をつけるやり方も、この港の石炭交易を壊滅させてしまうはずです。……かりに、いま提案されている法案が成立すると、石炭交易に使われている船の大半が稼働されなくなって、炭坑で雇われている人びとは、ほとんどがたちまち困窮することになりましょう(51)」、と。

各州では、ただちに治安判事が四季裁判を開いて処理することになっていたが、港湾都市では、市長、治安判事、主要税関吏、船主・商人などの代表などからなる委員会がつくられて責任を負った。いずれの場合も、最終的には教区ないし教区連合に負担が分割して割当てられた。割当ては、地租査定官の提出した住宅税と窓税をベイスとして行なわれた。ヨークシア・ノースライディングの場合、九五年三月一九日以降に開かれる四季裁判で各地域への割当てが決定されることになり、ヨーク市の三四人、ウィトビーの一五人など、割当て案も提示された。また、それぞれの地域での各教区への割当てを決める小治安裁判所《ペティ・セション》は、ヨーク市では四月八日にギルドホールで開かれることになった。[52] 教区によっては、地域外の人物、とくにスコットランド人やアイルランド人を提供したり、はじめから徴募を諦めて罰金を払うところも少なくはなかった。教区内の人間を出すことは、その家族が救貧対象家族に転落する危険性があったことが、こうした方法を取らせた主な理由である。ただし、リンカンシアのリンゼイでは、のちには他の州の出身者を入隊させた場合、それぞれの出身地に家族手当てを支払っているので、[53] このようなやり方が全国的に広がったのではないかと思われる。なお、受け入れられるのは、一六歳から六〇歳までの健康な男子とされ、年季契約の書記、炭坑夫・石炭運搬船員、徒弟、合法的に結婚していて二人以上の子供をもつ者などは除外されていた。脱走兵を捕まえた者には、二〇シリングの報奨金が予約された。

この「割当法」が、各地の「問題人物の一掃」になったという批判はあるが、とりあえず一定の員数確保に成功したことに気をよくしたピット政権は、翌年一一月、ふ

表 4-3　割当法による海軍兵卒リクルート義務人数

州		州	
ベドフォード	69	バークシア	106
バッキンガム	116	ケンブリッジ	125
チェスター	235	コーンウォール	195
カンバランド	182	デヴォン	392
ダラム	169	エセックス	253
グロスター(含ブリストル)	204	ヘレフォード	104
ハーフォード	104	ハンティンドン	46
ケント	439	ランカスター	589
レスター	183	リンカン	334
ロンドン	190	ミドルセックス	362
モンマス	58	ノーフォーク	264
ノーサンプトン	136	ノーサンバーランド	176
ノッティンガム	158	オクスフォード	126
ラトランド	161	サマセット	348
サウサンプトン	231	スタフォード	238
サフォーク	239	サリー	316
サセックス	166	ウォリック	204
ウェストモーランド	69	ウィルツ	169
ヨーク	1,064		
ウェールズ(12州総計)	633		

史料　*House of Commons: Sessional Papers*, vol. 95, no. 4493.

たたび新たな「割当法」を施行した。(54) イングランドにかんする法では、海沿いの州に合計六一四二人の徴募を義務づけ、スコットランドについては、二一〇八人を指定した。ちなみに、ウェールズの諸州とイングランドの内陸州には、計六五二五人の陸軍兵士の徴募が義務付けられた。

『ヨークシア・クロニクル』によれば、前年の法では、「水兵は二二シリング六ペンスもの月給のうえ、一(重量)ポンドの最良の牛肉か豚肉、素晴らしいスープ、一ポンドのパン、最高のビール一ガロンがもらえるなど、要するに、家つきで、乾いたベッドで眠れるうえ、この度は、戦利金のほかに二年分ちかい前払い金までもらえる」(55) のだから、応募しないのが不思議なくらいだというほどで、事実、目標は達成されたのである。しかし、二年目の法律は、まったくの不成功であった。ほとんどの教区は目標を達成することができなかった。最大の理由は、前年の法律で適当な人物が払底してしまったということである。その他、とくに陸軍が不評であったうえ、穀物価格が高かった前年とは違って、豊作で穀価が低かったことがあげられる。

ところで、末端で徴募の最終責任を負うことになった各教区では、どのような人物を提供したのか。一八世紀のうちに激増した海軍の兵卒とは、いったいどのような人びとであったのか。かれらは、自ら年季奉公人としてアメリカに渡った人びとと非常によく似たプロフィールをもっていたのではないか。このことをみるために、当面、サンプルがそれほど多くはないが、七州[56]――ヨークシアのほかケント、レスターシア、リンカンシア、ノーサンバーランド、ノッティンガムシア、サセックス――に及ぶ「割当てに応じた兵士(quota man)」の史料を利用することができる。

従来、この点については、C・ジルやM・ルイスの浮浪者・犯罪者説とF・W・ブルックスの反論とがあって、見解が分かれている。すなわち、ジルによれば、「割当法」に応じた兵士たち――「割当て兵」――は、「犯罪か不運によってこの不幸な立場に立たされた」人びとであった、という。[57]しかし、ブルックスに言わせると、「地方の地主や牧師が力になろうとしたくらいの、立派な評判の者がかなりいた」[58]のである。ジルをはじめとする通説が、海軍とは「浮かぶ強制収容所」だというのに対して、後者の立場の人びとは、海軍兵士の社会的出自は、適度の凝集性と連帯感を特徴とする「イギリス社会の縮図」であるというのである。[59]

実際のところ、「割当て兵」とはどのような人びとであったのか。表4-4と図4-1をみれば、状況は一見して分かる。結論的にいえば、それは、年齢的には二十歳前後を中心とする若年層であり、職業構成上は各州の下層民社会の断面図《クロンセクション》になっていたということである。職業分析では、ノッティンガムシアで「メリヤス編み工」がわずかにトップに出ている以外は――のちにラダイト運動の核となるメリヤス編み工は、すでに急進主義運動の中心となっており、このこと自体、後述の「海軍大反乱」との関係で注目すべき事実ではある。なお、レスターシアでも、メリヤス編み工

表 4-4　海軍兵卒の職業と年齢

職　　業	10代	20代	30代	40代
レイバラー	10	23	7	0
船　　員	2	17	18	5
織物工	12	13	18	0
農業サーヴァント	5	8	0	0
ハズバンドマン	5	4	0	0
ヨーマン	1	4	0	0
パン屋	3	2	1	0
肉　　屋	1	2	1	0
大　　工	0	2	2	1
綿紡績工	6	1	0	0
靴　　屋	2	6	4	0
指物師	3	3	2	0
石　　工	4	4	1	0
炭鉱夫	3	1	1	0
絹織工	1	3	0	0
靴下編工	3	0	0	0
その他*	24	39	11	6
計	85	132	66	12

* ほとんどが，商工業関係で46の職種に及ぶ．

North Riding Naval Recruits より算出．

ほかに史料の得られる，ケント，レスターシア，リンカンシア，ノーサンバーランド，ノッティンガムシア，サセックスでも，結果は酷似している．

は二位となっている――、レイバラーが圧倒的に多くなっている。農業サーヴァントも、各地でかなり高い比率をしめている。その他、当然のことながら目立つのは、船員(seaman, mariner)である。この最後の特徴を除けば、その構成は、各地域経済の

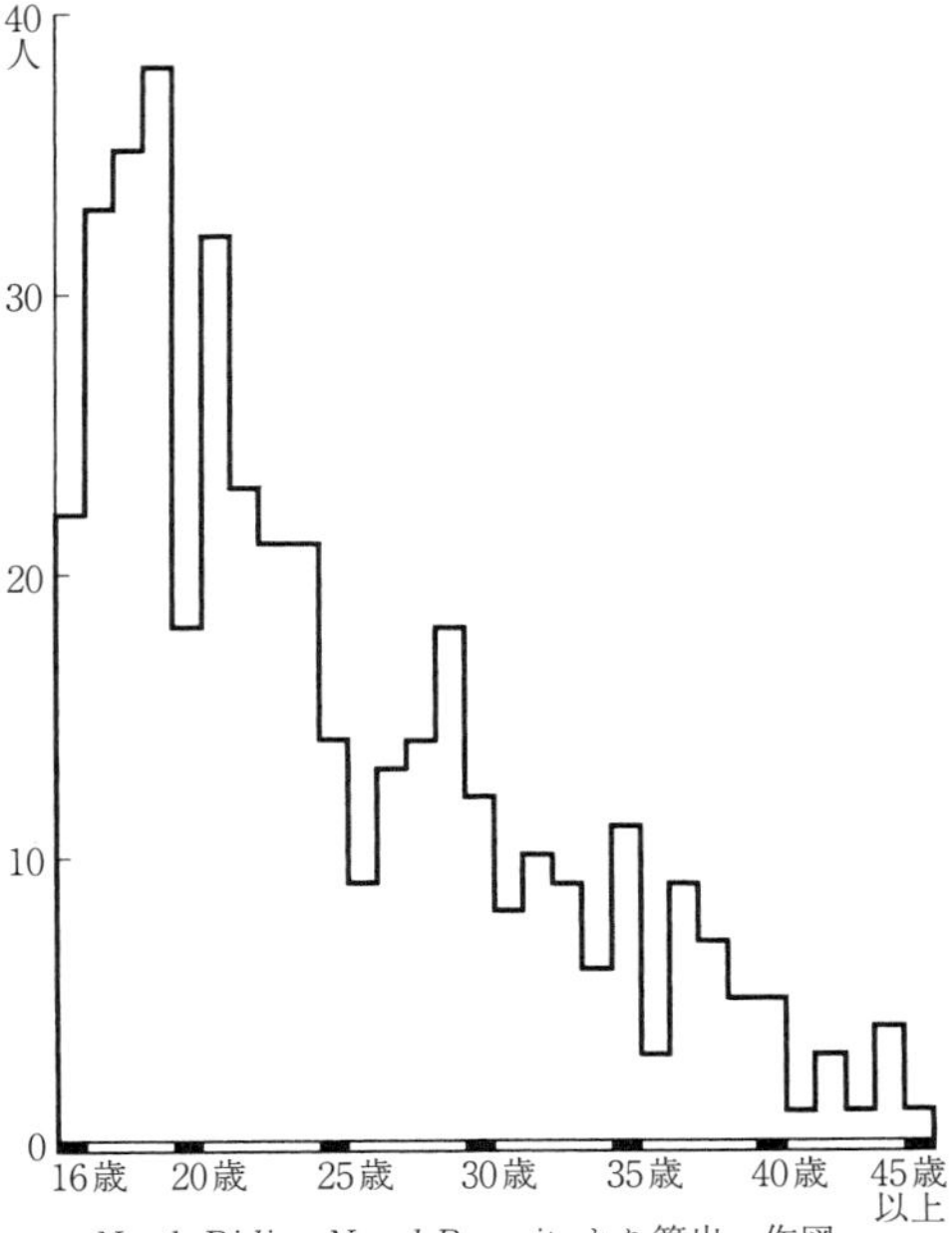

North Riding Naval Recruits より算出・作図.

図 4-1　ヨークシア北部の「割当て兵」年齢分布

特質がいくらか反映されているものの、基本的には、年季奉公人移民のそれとほぼぴったり一致するといえよう。

年季奉公人との相似性は、年齢の面でも明白である。ただし、四〇歳代の構成比がやや高い特徴が認められるが、当然のことながら、これは明らかに専門的な経験を有する「船員」が多数含まれていたことの反映である。ノースライディングの例でいえば、一一人を数えた四〇歳代のうち五人、六五人の三〇歳代では一八人が、それぞれ「船員」であった。したがって、これを除けば、「割当法」によって入隊した人びとの社会的出自は、年季奉公人のそれとほとんど同じであったということができるのである。言いかえれば、それはたんなる「イギリス社会の縮図」だったわけではなく、「下層貧民社会の縮図」だったのである。おなじノースライディングの史料では、各兵士の身体的特徴がこと細かに書き込まれている。大問題であった脱走兵の探索のための資料をめざしたものであろうが、そこで彷彿とするのは、一言でいえば、身長一六五センチ前後のずんぐりしたヨークシア農民の姿である。「顔に天然痘の痕跡」という記述が頻出するのは、数年前にそれが大流行した事実を反映している。恐るべき伝染病を生き延びたヨークシアの貧しい農民たちは、「両手の小指、カギ状に変形」

した者も、「頬に刀傷」の男も、「老けて見える面長」の人物も、一言「美男」と評された若者も、いままた戦火に曝されようとしているのである。(60)

ピットがフランス革命の抑圧を狙って展開した対仏戦争のさなかに、海軍の一志願兵ロバート・アクリルが故郷の父母にあてた手紙が残っている。これを見れば、割当法に応じて入隊した兵士の思いが手に取るように読み取れる。

戦艦ルポムペ号上にて、父上様・母上様。

本日、ルポムペ号勤務にかわりました。……あなた方のもとをたって先のサン・パリエ号にのり込むまえにも、奨励金の一ギニーは貰えるものと思っていたのですが、すっかり遅れていて……いまだにビタ一文貰っていません。それどころか、搭乗艦さえ変わってしまいました。サン・パリエ号からは、あなた方を僕の報奨金の受取人にするように言ってきましたので、その文書を同封しておきます。サン・パリエ号の艦長の署名もあります。そろそろ期限になっているはずですので、払ってもらえたら好きなように使ってください。……しかし、支払いを拒否されたらどうすべきか、僕にもよくわかりません。……戦争のゆくえをどう予想して

いますか。僕の感じでは、当分は終らないだろうと思います。出航前にまたお便りします。(61)

ルポムペ号もサン・パリエ号も、その名のとおり、フランスから奪った戦艦である。原文には句読点もなく、綴りも怪しげではあるが、わずかな報奨金も実際にはなかなか支払われず、結局、誤魔化されかねなかった様子がよく表われている。とはいえ、志願兵であったロバートの処遇がとくにひどかったわけではない。むしろ彼のような「割当法」による「新入り」の処遇は、経験豊かな古参兵に比べて圧倒的によかったのである。とすれば、古参兵を中心とする海軍兵士の間に、不満が鬱積していたとしても不思議ではない。

鬱積した不満は、ポーツマス軍港の沖合にあった戦艦ランカスター号を発火点として、歴史に残る海軍大反乱として噴出した。ときに一七九七年初頭のことであった。(62)すでに一七九四年にも、カロデン号とウィンザー・カースル号でそれぞれ反乱があったが、九七年になってポーツマス港に停泊中の諸船より提督ハウ(Lord Howe)あての請願が出されたが、これが無視されたことから反乱は猖獗を極めた。反乱の最大の素地は、食事、面会、傷病者の扱いなどきわめて劣悪な兵士の日常的な処遇と、チャールズ二世以来変わっていないといわれる給与の低さにあった。(63) しかし、九五年法以来の無理な募兵の過程で、まったく船員の経験のない「問題の人物」ばかりが供給されながら、彼らの方が経験豊かな古参の二等水兵の三倍もの報奨金をえていたことに対する、古参兵たちの反発も重要な背景となっていた。しかも、新参の「問題の人物」のなかには、つとに民衆運動の洗礼を受け、不満分子を結集する術を心得た者がいたことが、もうひとつの大きな理由であった。ロンドンをはじめとする「通信協会」との関連はとくに強かったようである。

「スピットヘッド反乱」として知られるこのポーツマスの反乱で、全体の首謀者と目されたヴァレンタイン・ジョイスはベルファーストの煙草商で、「ユナイテッド・アイリッシュメン」のメンバーであったとも、急進主義運動との関連で、反逆罪に問われたことがあったともいわれている。ただし、かれは両親ともどもポーツマスでの住まいが長く、この説は必ずしも証明されない。(64)

ポーツマスに始まった反乱は、ただちにテムズ河口の仮泊地ノーアに停泊中の艦隊にひろがった。リチャード・パーカーなる人物に指導されたこの反乱は、たちまち大規模なものとなり、「浮かぶ共和国《フローティング・レパブリック》」が実現した。一七八二年に一度強制徴募されたものの、「病気」で除隊となった経験をもつパーカーは、他の指導者ともども、九五年以降に「割当法」によって集められた「新参兵」であったことは事実である。しかも、彼らは入隊前から「通信協会」など、産業革命の進行に伴って陸続として生まれつつあった急進派の政治クラブに出入りし、その影響下にあったとされる。E・P・トムソンでさえ、これら一連の海軍反乱をほとんどもっぱらフランスのジャコバン派との係わりあいで捉えているようにみえるのは、このためである。ともあれ、結局、この大反乱は海軍兵卒の処遇改善を実現させ、ほぼその目的を達成した。「割当法」はこうしてようやく定着し、一八三〇年代には悪名高い「強制徴募」も廃止される。(65)

なお、一七六四年から八二年にかけて、海軍の艦船に実際に乗船した者についての散発的なデータをみると、「割当法」以前の水兵たちも、本質的には、この「割当法」で引き出された人びとと差がなかったらしいことが推定できる。たとえば、この間に、一一三隻の艦船に乗り組んだ五四一人の二等および三等水兵の年齢は、一〇代後半の者が半数に近く、ついで二〇歳代の前半が三五％前後で、この二つのグループで八割近くを占めている。まさしく、それはライフサイクル・サーヴァントの年齢層であり、年季奉公人移民の年齢層であったわけだ。一等水兵となると、当然のことながらピークは後にずれ、二〇歳代前半にくる。逆に、補助水兵(「サーヴァント」)は、サンプルも多くはないが、一四歳がピークとなっている。(66) 彼らは生まれ育った家庭や拾われた教区から、直接、海軍の「サーヴァント」となったのであろう。

4　孤児を戦場へ――コーラムとハンウェイの「福祉」活動

前節にみたように、たとえば「割当法」によって入隊した海軍兵卒の社会的出自は、船員経験者が多く、そうした者のなかにはかなりの年長者がいたという事実を除けば、年季奉公人移民のそれと大差はなかった。しかもそれは、ギャレンソンのいう「イギリス社会の縮図」よりはよほど下層に偏った構成にもなっていた。そこで、あらためて年季奉公人移民のデータを詳しく検討すると、そこには、ほかにも目立った特徴があることがわかる。

ここで取り上げたいのは、従来なぜか取り上げられることのなかった年季奉公人移民の両親、とくに父親にかんする情報である。そうした情報がとくに豊富にえられる『ロンドン市長日誌』をみると、そこには異様に多くの「孤児」、というより「捨て子」とおぼしい少年少女が含まれていることが分かる。移民史料では、捨て子は一般に「哀れな子(poor lad or poor boy)」と表記されていて容易に識別できる。じっさい、父親の職業や生死にかんする説明がえられる『ロンドン市長日誌』の年季奉公人契約の記録には、捨て子、孤児、片親児が異様に多数登場するのである。長い移民研究の歴史をみても、なぜかこの点に注目した研究者はいないが、このことは、年季奉公人移民の背景を考えるうえできわめて重要な意味をもっていると思われる。

ジョナサン・コール
ロンドン・コールズハースト教区に置き去りにされた捨て子(poor boy)……同教区の教会役員のひとり、トマス・ハンウォールの同意に基づき、船員トマス・ガズデンに、バルバドスにて七年の年季奉公の契約をした。一六八五年七月二〇日。

レオナード・フォスター

捨て子(poor boy)。アンティグアにて九年間年季奉公をすべく、エドワード・ピアースと契約。フォスター小路のセント・レオナード教区の教会役人同意。……一六八五年三月五日。

(本人の氏名は、明らかに通りと教区の名称からとられている。)

ジェイムズ・トリニティ

ロンドン、トリニティの教会役人たちの同意により……

(このケースは、「poor boy」の記述はないが、教区教会名が本人の姓となっていることから、捨て子であることは明白。)

片親ないし両親健在でも、扶養能力のない例も多数見られる。

ジェイムズ・コリンズ

オクスフォードシア・ウルヴァーコットのレイバラー、故ジョン・コリンズの息子。ブラブラしているところを町で捕まり、自分の意志で一二年間ヴァージニアで年季奉公をすべく、ジョン・ライトフットと契約。……一六八四年七月七日。
(母親についての情報はない。)

ウィリアム・ジェントルマン
ロンドン、チャーリング・クロスのポーター、故ウィリアム・ジェントルマンの息子。ロンドンの市場や通りで常習的に窃盗を働いていた少年。面倒を見てくれる友人も親戚もない。……ヴァージニアにて一五年の年季奉公をすべく、契約。一六八四年七月四日。

ジョージ・フォウン
ハンプシア、ゴスポートの梳毛工ジョージ・フォウンの息子。父母の同意により契約。彼らはたいへん貧しくて、息子を扶養することができないとのこと。……

メアリ・ロウリンズ
ミドルセックス、ベスナル・グリーンの故ジョン・ロウリンズの娘。ヴァージニアで七年の年季奉公をすべく、ジョン・ライフと契約。一六八五年七月三〇日。
チャールズ・サンドンおよび……義父ジョン・タワー立ち合い。
（この少女は、義父つまり母親の再婚相手に売られたというのが正確であろう。）

ウィリアム・サマセット
最近までロンドン、ホワイトチャペルにいたジョン・サマセットの息子。父、行方不明のため……ヴァージニアで九年の年季奉公をすべく、ジョン・シーマンと契約。一九八四年七月一九日。
（この少年は、父親に遺棄されたものと思われる。）

ジョン・アンダーウッド
セント・ジャイルズ・イン・ザ・フィールズの食料品屋、故ジョージ・アンダーウッドの息子。メリーランドで五年間年季奉公をすべく……契約。年齢一五歳以上なるべし。一六八五年八月四日。バーバーズ・ポール在の養老救貧院に収容されている母親アン・ウェゼリッジの同意による。

（自分の年齢も定かでないこの少年は、父が死亡し、母も救貧院に収容されているわけである。）

『ロンドン市長日誌』には、総数八七八人の年季奉公人移民が登場するが、そのうちじつに二九七人、三四・七％は両親ないし父親を失っている。母親についての情報はあまりないので、母親不在の例を含めれば、この数値はかなり上昇するものと思われる。ほかに、父親健在でも扶養能力のなかった上記フォウンの例や、前節で取り上げたように、父が兵士になっていて、事実上母子家庭であったようなケースなどもまま認められる。一般的にいっても、平均寿命の短い時代であったから、息子が成人するのを見届けられなかった父親は多かったはずではあるが、それにしても片親家族の比率は二〇％以下というのが近世イギリスについての常識である。(67) また、一五九九年から一八一一年にまたがる一九集落のローカル・センサスに登場する六六六八家族のうち、九四五家族が父不在となっており、比率にして一四・二％である。(68) とすれば、上記の年季奉公人移民の間の数値は、あまりにも高いといえよう。

ところで、こうした子供たちは、この時代のイギリスでは、どのように扱われていたのだろうか。なかでも、母親の性的逸脱の結果とみなされ――本人には何の責任もないにもかかわらず――非難の対象となっていた「捨て子」は、イギリスではとくに厳しい扱いをうけていたといわれるが、結局のところ、彼らはどのように「処理」されたのだろうか。この問題に対する答は、二人のいささか風変わりな博愛主義者の活動を通してみることができる。すなわち、一八世紀初頭に造船技師として新大陸に渡ったものの、国教徒であったためにピューリタンの住民との関係がうまくいかず、帰国して「ロンドン捨て子収容所(The London Foundling Hospital)」をはじめたキャプテン、トマス・コーラムと、この運動を支援しつつ、もうひとつの組織「海洋協会」を創設した商人で探険家でもあったジョナス・ハンウェイ(69)とである。毎日のようにロザーハイズからロンドンに通う道すがら、街頭で目にした捨て子や浮浪児、とくに前者の姿に心痛んだというコーラムは、折から盛んになった人口減少説に危機感を抱いたハンウェイとともに、捨て子や孤児を育てて、将来の兵士を養成することをめざしたのである。ロンドン捨て子収容所は、「コーラム財団《ファンデイション》」としてロンドン中心部に現存するし、「海洋協会《マリン・ソサイアティ》」もテムズ南岸、ランベスの地に実在し、海軍幼年学校といった役割を果たしている。両者の足跡は、ポルトガルとロシアを中心として大陸の事情に詳しく、飲茶の習慣を激しく攻撃したことでも知られるロシア会社社員ハンウェイの、膨大なパンフレット、趣意書の類によって追跡することができる。[70]

ハンウェイが一七六〇年に書いたパンフレット『捨て子受入れ病院小史』[71]によれば、「ロンドン捨て子収容所」設立の経緯およびその初期の動きは、以下のようであった。

アン女王時代に数人の外国貿易商が「両親の不幸や非道から、うち捨てられた嬰児を受け入れる病院を設立するために寄付を募り、特許状を申請しようとした」が、はっきりした結果をえることができなかった。一七三九年、「無垢の子供たちが街頭にうち捨てられているのを見るに耐えなかった」コーラムは、ロンドンのラムズコンディト・フィールズにテントを張り、人びとが育てられない子供を「捨て子」としてそこに置いてゆけるような制度をつくろうと提案、認可を求める運動をはじめた。当時のロンドンでは、チャリティの計画や制度はいろいろあったが、実際には、「貧民の子供はしばしば出生時に殺されたり、街路に遺棄されたり、よこしまで野蛮な教区乳母《パリッシュ・ナース》たちに貸し出されて《プッティング・アウト》いた」。こうなると、けっきょく、子供たちは泥棒にされたり、乞食をさせられたり――それも同情を惹くために故意に盲目にされたり――することになる。このような悲劇を阻止し、「こうした気の毒な孤児を育て……イギリス王国《コモン・ウェルス》の有益なメンバーたらしめるために……嬰児のための病院を設立する」というのが、その趣旨であった[72]。

国王への請願書の署名者は、シャーロット・サマセット以下、上流階級の女性を中心に二一名であった。一〇月一七日、国王の特許状が下り、ベドフォード公が総裁となった。すでに同様の施設のあったパリやリスボン、ヴェネツィアなどの情報を集め、議会でも特許状を確認し、事業の促進法(13 Geo. II, c. 29)が可決された。救貧税を支払っている以上は、イギリスに飢え死にするような孤児はいないはずといった類の反対意見もあったが、多くの芸術家も賛同して受け入れが始まった。ホガースが絵画を寄贈し、ヘンデルは毎夏「メサイア」を上演した。一七四一年三月、ハットン・ガーデンにおいてまず三〇人が受け入れられ、年内に一

図 4-2 コーラム大佐(ホガース画)

三六人に達した。子供たちは特別の乳母のもとに送られたが、六六人が亡くなった。この比率は、一般の嬰児死亡率からしてとくに悪いわけではないが、子供を田舎に送っておれば、もっとよい結果がえられたはずというのが、ハンウェイの言い分である。一七五五年に、ブラケンリッジ師が開始した人口減少説につよく影響され(73)、都市の生活環境がその最大の原因とみていたハンウェイの立場(74)からすれば、それも当然の主張であっただろう。一七四二年には、さすがに本格的な建物を建てようという考え方がうちだされた。一七四一年三月から一七五六年五月に至るまでの期間に「一三八四人が収容されたが、七二四人しか死亡しなかった」。それでもなお、数千人が教区乳母のもとで命を落としていったのである。

しかし、人びとをして決定的に目覚めさせたのは、ほかでもない七年戦争であった。「コーラム氏が捨て子収容所の計画をうち出したのは、まえの対スペイン戦争のときであったし、それへの保護が決められたのは、現下の対仏戦争が始まってからであった。……［このままでは］次の戦争が起こったとき、本来なら海軍や陸軍を構成しているはずの大量の人間が、教会の庭で……眠ることになってしまう」、というのであった。ここに、コーラムとハンウェイに代表される「キリスト教的重商主義《クリスティアン・マーカンティリズム》」ないし

「重商主義的博愛主義《マーカンタイル・フィランスロピー》」の考え方が、明白に表われている。すなわち、海洋帝国の形成、維持のための兵士の養成という、彼らの博愛主義につき纏うあまりにも現実的な目的意識がそれである。(75) じっさい、コーラムが運動をはじめた一七三九年という年は、オーストリア王位継承戦争の勃発した年であり、すでにみたように、ウォルポールが海軍兵士確保のために船員登録制度を提唱して、議会の承認をえることに失敗した年でもあった。この「重商主義的博愛主義」の傾向は、後述するハンウェイの「海洋協会」(一七五七年設立)においていっそう露骨になる。しかし、「ロンドン捨て子収容所」そのものが海軍兵士の養成を目的としていたことは、すでに一七五六年、ハリー・ポーレット卿が、そうした目的のために一〇〇人の収容児を引き取っていったことからも、明らかであった。

こうして、一七五六年五月三日、議会は最初の補助金一万ポンドを認可し、六月、院は生後二ヵ月をこえない嬰児を全員受け入れる方針を決めた。一七六〇年三月二五日までのあいだ続く「議会の子供たち」の始まりである。ハンウェイ自身、「最初の収容の日(六月二日)のことは、忘れられない。この日一日で、一一七人が連れてこられたのだ」と述懐している。翌五七年には、議会の補助金は三万ポンドに引き上げられ、受け入れ年齢制限も六ヵ月未満としたものの、まもなく一二ヵ月にまで拡大した。この年にはまた、ヨークシア分院も設立され、アイルランドのダブリンにも支部がつくられたが、イングランド西南部のエクセターに計画された分院は成功しなかった。一七四一年から五六年までの予備的な収容者を含めて、一七六〇年九月二九日までに、総計一万六三二六人が収容され、六一％にあたる九九六二人が死亡したといわれている。

しかし、院の活動には、費用がかかりすぎること、私生児出産を奨励することになりかねないこと、当面の敵であるカトリック諸国の真似であることなどを口実とする批判が相ついだ。結局、一七六〇年には、「レスペクタブルな私生児」に収容者を限定するようになって、院の性格はかなり大きく変化した(76)。一七七一年までには下賜された補助金は、合計五〇万ポンド、収容者は一万五〇〇〇人に及んだが、この年を最後に補助金も打ち切られた。すでに一七六二年には、強力な推進者であったハンウェイも、院に反対を表明するにいたったのである(77)。一七六二年のパンフレット第三章では、ハンウェイは諸外国における捨て子処理の方法を対比していて、それ自体まことに興味深いのだが、この時点ですでにかれの基本姿勢は、「捨て子」は兵士より工場労働力たらしめるべきだ、という方向に向かっていた。「(フランスのような専制国家とは違って)わが自由の国イギリスでは、兵士というものは妻子や父母、兄弟姉妹、つまり守るべき対象を持つ者であるべきだ」というのである。

ところで、同じパンフレットが明らかにしたところでは、年々四―五〇〇〇人を収容するというパリの収容所は、牛乳を多くもちいており、乳母は少ない。フランスでは、パリ以外にもいくつか収容所がある。「フランス人はひとをみると陸軍兵士と思い、われわれは孤児をみると、家内使用人、商人、農夫、製造業者にしようと思う」というハンウェイは、この時点では、ある程度育った捨て子や孤児はすべて徒弟――エリザベス救貧法以来、各種の職場とくに初期の工場で使役された「教区徒弟」として――に出すことをすすめているので、兵士よりは労働力として期待したというべきであろう。しかし、なお、他の箇所では、明らかに海軍兵士として期待していたようにも読み取れる部分も残ってはいるのだが。

いずれにせよ、リスボンでは、年々三〇〇〇人が受け入れられているが、孤児を育てることは宗教行為とみなされており、私生児もあまり不利な扱いは受けていない。これに対して、オランダには孤児院は多数存在するが、私生児ないし捨て子に対してはきわめて厳しく、捨て子収容所はない、という。イギリスでは、嫡出子であることを証明しなければ私生児扱いとされたうえ、コーラム以前には捨て子収容所はまったくなかった。

つまり、大方は私生児と考えられる捨て子たちは、カトリックの国ではかなり丁重に扱われたのに対して、プロテスタント国家では、きわめて冷淡な扱いをうけたということである。捨て子はすなわち私生児であり、私生児とは性的逸脱行為の結果である、という考え方があり、しかも、親の逸脱行動の責任は、子供にまでその責任が及ぶというのが、プロテスタント国家イギリスの常識であったといわれる。(78)宗教的背景の差による性的逸脱への対応の差異については、近年のケンブリッジ・グループによる研究でも言及されている。(79)兵士にするか工場労働者にするかはともかく、もともとコーラムやリスボン暮しの長かったハンウェイが見兼ねたのは、このような状況におかれた捨て子たちだったのである。

それにしても、兵士や労働力の増強政策としては、嬰児を主体としたコーラムの活動では、速効性は期待できない。もっと速効性のある海軍兵士リクルート策としてハンウェイが打ち出したのが、「海洋協会」であった。ロンドンの浮浪児を集めてこれに衣服をあたえ、海軍に送り込むというのがこの協会の目的であった。これとよく似た事業は、すでに盲目の治安判事ジョン・フィールディングがはじめていたといわれるが、これとは独立に展開し、圧倒的に成功したのが「海洋協会」である。計画をハンウェイに吹き込んだのは、ロシア会社の同僚チャールズ・ディングリであった。ハムステッドの孤児数名を海軍に送りこんだことのあるディングリは、ロンドンの慈善学校とワークハウスの理事たちに、収容中の少年たちを海軍に送るよう要請したりもしていた。

七年戦争が始まり、議会が「捨て子収容所」に三万ポンドの補助金を認可した一七五七年六月二五日、ロシア会社を中心とする二二人の貿易商人が、ロシア会社の集会場となっていたシティのコーンヒルにあるタヴァーン「キングズ・アーム」に集い、「海洋協会」はスタートした。ロンドンの各クラブ、協会、およびギルドがそのスポンサーであった。ここにも、このプランのきわめて「商人的」な特性が認められる。一方で社会問題の解決をはかりつつ、他方では、生産力や海軍力――つまりは「国力」――の増強をめざした点で、地主＝ジェントルマン的な理念の不可欠な一部ともみなされたタイプの博愛主義とは、微妙なずれを示しているといえよう。さらにいえば、一九世紀の中産階級のそれとも、その反ピューリタン的・親アングリカン的な性格の点で、よほど異なっている。ハンウェイやコーラムの思想を、あえて「重商主義的博愛主義」と呼ぼうと思うのは、このことのためである。計画には、このほかジョージ二世も、一〇〇〇ポンドを寄贈した。

協会は、七年戦争中だけで四七八七人の浮浪児をかき集め、彼らのほか、五四五二人の成人新兵に衣服を供給した。海軍の新兵はその社会的出自からして、勤務に適した衣服は持ち合わせなかったために、後述するように、軍服の支給が大きな問題となっていたからである。と同時に、これもまた、ハンウェイがかつての滞在地リスボンで見聞した、ポルトガルの制度の模倣でもあったらしい。とまれ、ナポレオン戦争の終結した一八一五年頃までには、「海洋協会」が供給した海軍兵士の総数は五万人を悠に超えるに至った。悪名高い強制徴募を減らし、町の厄介者を処理し、しかも帝国建設の役にたてるという、一石二鳥どころか、四鳥をも五鳥をも狙った企画は、かなりの成功を収めたというべきであろう(80)。

「海洋協会」と「捨て子収容所」は、その設立者たちのリストからみても、その目的や基本理念からみても、明らかに双生児というにふさわしかった。重商主義戦争の遂行にとって、前者は速効性の、後者は遅効性の、マンパワー確保策だったのである。その意味でこの両者は、まさしく「キリスト教的重商主義」ないし「重商主義的博愛主義」の華でもあった[81]。以下、ハンウェイ自身の著作をもとに、その基本的な思考様式を簡単に検討しておこう。

若いときからヨーロッパ各地で商業に従い、豊かな国際感覚と「重商主義的博愛」思想を体現していたハンウェイの思考様式の根底には、三つの前提があった、といえる。すなわち、第一に、一国にとって人口は富であり、力である、という見方がある。彼はいう、「わが人口が多ければ多いほど、われわれの富も豊かになろうというものだ。したがって、われわれが自らの利害に目をつぶらなければ、そのぶんだけ自由を確保することもできよう。現代の人口がイングランドで七五〇万人、スコットランドで一五〇万人、アイルランドで二〇〇万人だとすると、全体で男子は六〇〇万人程度と考えられるが、戦争になるとたちまち一二万人くらいが軍隊にとられてしまう。つまり、全男子の五〇分の一である。こうなると、農業や工業では人手が不足してしまうのである[82]」、と。富の源泉は人口であり、その富を守るのもマンパワーである。貿易商人としてのハンウェイにとって、軍隊とは海軍のことであり、海軍こそは海外におけるイギリスの権益を保護できる唯一の手段であった。

彼はいう、「(あらゆる条件を考慮に入れると)陸軍の兵卒を養成するよりは、水兵をつくる方がはるかに難しい。そのうえ……かりに船員がすべて戦争にとられると、商業から生まれるわれわれの富の源泉は断ち切られてしまい、『戦争の腱』そのものがきれてしまうだろう。素人《ランドマン》は訓練はもとより、慣れさせることも必要である。風と波にもみくちゃにならないかぎり、熟練水夫にはなれないのだ」。だから、「貧民の子供たちを、体ができあがり、精神的にも一人前になる以前に海に送れば、彼らは海の生活に慣れ、船員暮しも他人にとってほどには危険でも、大変でもなくなるはずである」。そうなれば、かの悪名高い強制徴募も廃止できるかもしれない、と。(83)「人口はすなわち国力である」というハンウェイの見方は、いうまでもないことながら、一七世紀後半以後の重商主義思想に共通の発想である。さらにいえば、失業者や浮浪者の大量の出現に悩み、「人口とは負担である」と意識しがちであった一六世紀の人びとには、思いも及ばない考え方であったともいえる。(84)

ハンウェイの第二の前提は、それほど重要な人口が、イギリスではいまや減少しはじめているという認識であった。彼がこの考え方にとりつかれたのは、明らかに一八世紀を通じてイギリス知識人を二分した、例の「人口論争」の発火点になったブラケンリッジ師からの影響であったと推定できる。人口論争には、同師を「減少説派」のリーダーとした第一次のそれと、リチャード・プライスをやはり「減少説派」の大立者とした第二次のそれとがあるが、(85)いずれにせよ、今日からみて客観的には、「減少説派」に勝ち目はなかったはずである。にもかかわらず、現実の政策立案や民間の活動などに決定的な影響を与えたのは、当然のことながら圧倒的に、危機感をあおった「減少説派」であった。

ブラケンリッジ師による最初の論文が『ロイヤル・ソサイアティ哲学紀要』にあらわれたのは一七五五年のことであった(口頭の報告は前年)が、そのなかで師は、農村の死亡率は五〇人に一人なのに、ロンドンのそれは三〇人に一人であり、それをベースに考えると、ロンドンの人口は、一七四三年以後の一〇年間で一八万人以上も減少したとした。さらに翌年に発表した論文では、住宅数の推計値を前提に、イングランド全体でも、人口は減少していると主張した。(86)明らかにこの種の主張を受けて、ハンウェイもいう。「わが国の人口が減少している、と主張するひとは大勢いる。一七一四年の九〇〇万人から[一七六〇年の今日では]七八〇万になっているというのであ

る」、と。(87)

とすれば、人口はなぜ減少したのか。ブラケンリッジ師にとって、人口減少の原因は三つあり、相互に関係しているという。すなわち、「二一歳のイギリス人の三分の一が未婚だという」独身主義と「下層民のあいだに近年流行しはじめた」飲酒癖、さらには人間を消耗させる海上戦争と商工業の発達である。(88) しかし、これら三つの要因は互いにからまっており、全体の背後に都市化という事実があるともいう。ブラケンリッジ師に限らず一般に、「減少説派」の議論には、都市の生活文化にみられる「奢侈」への反感が色濃く認められる。独身主義も飲酒も、都市の奢侈や堕落の一側面とみなされたことはいうまでもない。こうした悪しき都市文化の頂点にあったのがロンドンである。「それを支える身体[にあたる地方]に比べて、異様に肥大した人食いの首都」を人口減少の原因としたプライスは、「パリは全フランスの一五分の一の人口しかないのに、ロンドンは九分の一を占めている。しかも、ロンドンには年々七〇〇〇人が上京するが、人口はふえていかない」と指摘している。(89) さらに、「近年、王国内の各地域間のコミュニケーションが改善された結果、ロンドンのファッションと生活習慣《マナーズ》、快楽が全国至る所に広がっている。いまやどんなに僻遠の田舎の町でも村でも、派手な浪費と楽しみで、このロンドンと張り合おうとしている」というのが、プライスの見方であった。[90]

人口減少の原因を考察するにあたっても、ハンウェイは「減少説派」のラインのうえにあった。というより、周知の「飲茶論争」における「反飲茶派」の立役者であったハンウェイが、都市の「ぜいたく」を目の敵とし、都市化を人口減少の最大の原因としたのは、むしろ当然のことであった。ここにハンウェイの第三の前提があった。「何千人という嬰児が、ロンドンの腐った空気のために亡くなっていく。だから、この子供たちを生かそうとするのであれば、食物ばかりでなく、田舎のきれいな空気をもあたえなければならない」のであった。[91] かれが、ロンドン孤児収容所の分院をヨークシアに設立することにこだわったのも、このような理由からであった。

一九世紀の初頭に書かれた『ロバート・ブリンコウ回想録』といえば、産業革命期の生活水準をめぐる論争で「悲観説」の立場に立つ人びとが、しばしば引用したので知られる教区徒弟の伝記である。[92] 孤児であったかれは、七歳のときにロンドンのセント・パンクラスのワークハウスからノッティンガムシアの工場に、「徒弟」として売られた。しかし、かりに、かれが一八世紀に生をうけていたとすれば、コーラムやハンウェイの「重商主義的博愛」のおかげで、水兵としてアメリカやインドに送られていた可能性がつよいのである。ここにみられた「捨て子」・「孤児」対策こそは、すべての社会問題を「植民地に流して」処理するどころか、あわよくば「帝国の拡大、維持」に利用しようとさえする、近世イギリスに特徴的な思考法の典型であったといえよう。

じじつ、このような発想法は、一九世紀前半から中期にかけて試みられたいくつかの「少年犯罪者」対策においてさえ、露骨にあらわれている。「少年犯罪者」ないし「非行青少年」対策は、この時代に複雑な試行錯誤を経験するのだが、そのなかでとくに目立ったものとして、J・ブレントンの「児童友愛協会」が創設した「ブレントン・アサイラム」(一八三三年収容開始)、S・ターナー指導下の「博愛協会」がつくった「レッドヒル農場学校」(一八四九年開校)、ワイト島の国営パークハースト少年刑務所(一八三八年開所)があげられる。これらの施設ないし刑務所は、いずれも一定の期間をそこで過ごした「少年犯罪者」たちを、結局、カナダや南アフリカの植民地に、農業労働力として送りこむことを前提としていたのである。それぞれの施設は、青少年非行についての考え方では、微妙な食違いを示しており、したがって、その対策についても、かなり違った主張をもっていたにもかかわらず、「問題少年たち」の最終的な「処理」については、まったく意見が一致していたのである。(93)

上述したように、コーラムの創設した「ロンドン捨て子収容所」は「コーラム財団《ファンデイション》」として、ハンウェイの「海洋協会」は名称もそのままに、ロンドンに現存している。前者は、もともとのラムズコンディトのはずれにあって児童福祉関係の活動を、後者はランベスにおいて、青少年と海軍を結ぶ活動を展開しているようである。

V　囲い込みと移民——帝国を形成する農民たち

1　ノヴァ・スコシア植民キャンペーンの虚実

イギリス近代の帝国史をみる際に、これを本国において支配的と想定される「資本のカテゴリー」によって段階区分をする姿勢は、必ずしも本書の取るところではない。そのような歴史観は、いうまでもなく一国史観に深く根ざした考え方というべきである。しかし、わが国では、こうした見方が学界のみならず一般にもひろく定着しているので、取りあえず議論の展開上、いわゆる帝国主義時代に入ってからの帝国とそれに先立つ「重商主義帝国」は、いちおう区別することにしよう。とすれば、後者はいかなる動機に基づいて形成されたのであろうか。形成の人的素材は、いかにして与えられたのか。これまでの各章では、その過半が「年季奉公人」という形で供給され、その社会的出自が当時のイギリス下層民衆の若年層にあったことを指摘してきた。しかし、いわゆる自由移民の動機はどうであったのか。一般に、移民の動機の分析にあたっては、「プッシュ」要因と「プル」要因の区別から始めるのが常識となっているが、もとより移民の動機などというものは複雑で、場合によっては本人にさえ、明確には意識されていないこともあった。もちろん、どちらかの要因が明確なケースもある。たとえば、一七四三年、アバディーンで移民集めに当たっていたジェイムズ・スミスは、ドラマーを雇って同市内を往来させて宣伝させたほか、各地のフェアに笛吹き男を派遣した[1]。典型的かつ意識的な「プル」の要因が作用した例といえよう。しかし、一八世紀には、より大々的で、より公的な宣伝活動も展開された。なかでも、もっとも効果のあった「吸引《プル》」要因は、すでに移民した人びとからの便りであった。

ここでは、一八世紀でも最大のキャンペーンとなったノヴァ・スコシア移民の勧誘について検討する。

オーストリア王位継承戦争の終結を見越した一七四八年の時点で、戦後除隊させられる兵士や軍需部門での失業者が犯罪者になることを心配して、ノヴァ・スコシアへの植民計画を提唱した論文が『ジェントルマンズ・マガジン』誌に掲載されたことは、

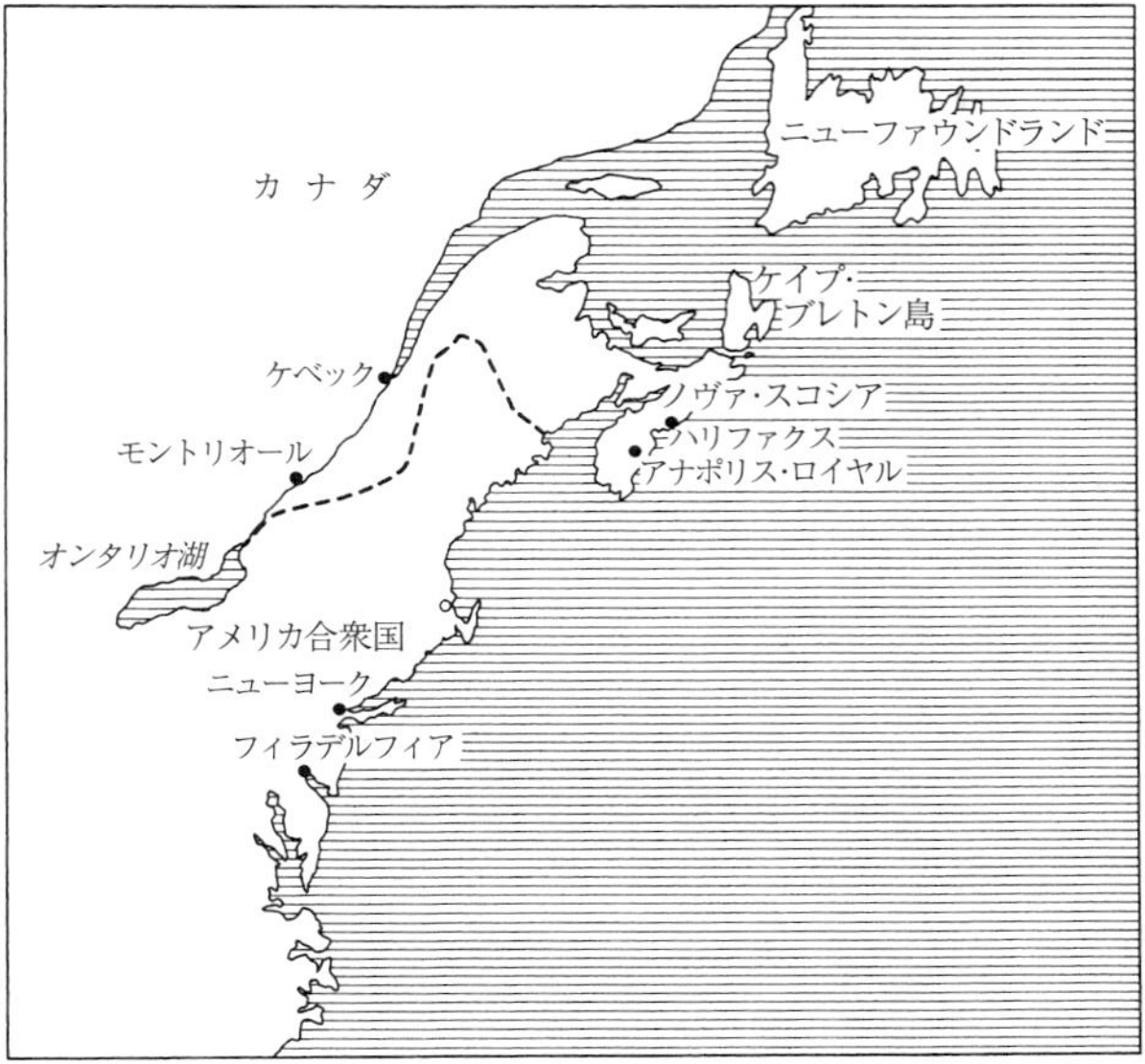

図 5-1　現在のノヴァ・スコシア

すでに第Ⅲ章で取り上げた。ノヴァ・スコシアは、北米大陸の東部海岸でフランス領カナダとイギリス領との境界に位置しており、係争地となっていたので、彼らには屯田兵的な役割を担わせ、防衛にも役立てようというわけであった。実際のところ、このキャンペーンは、政府によって大々的にすすめられ、同誌上でも執拗に展開されたものである。ノヴァ・スコシアは、ユトレヒト条約で名目上はイギリス領となったが、アナポリス・ロイヤルに守備隊をおいているくらいでは防衛しきれなかったからである。

一七四九年三月、枢密院は、貿易・植民地委員会のために布告を出し、ノヴァ・スコシアのハリファクス植民計画を宣言した。これをうけて、三月七日付の『ロンドン・ガゼット』は、最近「国王陛下の陸・海軍を除隊した」人びとに、渡航費、武器・弾薬、土地を与えることになった、と宣伝した。(2) ほぼその全文を、本節の末尾に掲げておいた。土地は、すべての元兵士たちに五〇エーカーを世襲財産としてあたえ、一〇年間は免役地代をはじめ一切の地代をとらないこと、それ以降も五〇エーカーについて年一シリング以上の地代はとらないこと、将校は位に応じて数百エーカーが与えられ、大工、船大工、鍛冶屋、石工など、有用な職人にも分与されることなどを、この記事は伝えている。さらに当局は、ロッテルダムの商人とのあいだに、「外国人プロテスタントをノヴァ・スコシアに供給する」契約を結んだ。そればかりか、その後もアカディア人を追放した一七五五年には、ニューイングランドからの入植が奨励された。(3)

こうして、ノヴァ・スコシア植民キャンペーンには、この時代の移民勧誘の典型的な思考法が認められる。それゆえ、以下、しばらく『ジェントルマンズ・マガジン』誌を中心にキャンペーンを追ってみよう。

上述の論文についで登場したのは、戦争終結直後の四九年三月号に出た記事「当局者による、除隊兵士その他に対するノヴァ・スコシア植民のすすめ」であった。[4] そこでは、元兵士および元将校に対して、もし彼らがノヴァ・スコシアに移民し、定住するならば、もとのランクに応じて五〇エーカーから六〇〇エーカーの土地を世襲所有地(fee simple)として分与する、という貿易・植民地委員会の宣言が紹介され、つづいてノヴァ・スコシアの非常に詳しい紹介がなされている。ただし、このうち、宣言文は『ロンドン・ガゼット』から転載されたものであり、[5] 後半の紹介は、「現地に通暁している」というオーティス・リトルなる人物のパンフレットの抜粋である。

地理的な説明はそれなりに正しいものと思われるが、つぎのような叙述は、いったいどのように解釈すべきであろうか。「漁業には、ニューファウンドランドと同じように恵まれているうえ、港は数も多く世界に例を見ないくらいに素晴らしい。サケ、マス、ウナギのほか、何種類かの淡水魚に恵まれ、いろいろな種類の野鳥も無数にいる。林には、鹿、兎、見慣れない毛皮のとれる動物などがうようよしている。土壌はきわめて肥沃で、あらゆる種類の穀物や食料をつくることができる。土地はトネリコ、ブナ、ニレ、モミ、カエデ、スギ、マツなどの木材で覆われている。建築に使える石灰岩や堅い石も豊かにある」。したがって、植民者はすぐにも自立できようし、マスト材にも恵まれているので、造船業もまもなく繁栄するはずである。さらに、ボストンも近いので、その生産物は簡単に市場をみつけることができよう、ともいう。この種の説明が、現地の各地域について延々とつづくのである。

少なくとも中流以上の社会層を読者対象とした雑誌の、このような「甘い」記事が、民衆の決断にどの程度の効果をもったかはよくわからない。じっさい、前世紀とは違って一八世紀の移民たちは、こうした「甘い」話にはかなり疑問を抱くようにもなっていたと思われるが、同誌のキャンペーンは執拗につづく。(6)

「三月八日、ノヴァ・スコシアへ渡ることになった、四〇〇人以上の人びとの氏名が、貿易・植民地委員会に提出された。およそ五〇回分の移送が政府によって契約された」という記事もみえる。(7)「四月一二日、大量の除隊兵士、除隊水兵、貧しい職人と労働者などで、ノヴァ・スコシアで土地を分与するという国王陛下の提案を受け入れた者が、ホワイトホールの貿易・植民地委員会に出頭した」ともいう。(8)五月三一日の項を見ると、「ノヴァ・スコシアに入植した家族数は、ざっと三七五〇家族に達した」とあり、防衛のために、城塞も三つ建設されたという。しかも、この際、アイルランド、スコットランド、ニューイングランドからの移民にも、同様の分与を認める旨の宣言がなされている。(9)

六月二一日には、「皇帝領からきた多数のドイツ人プロテスタントが、ノヴァ・スコシアへの移民を希望した」とある。さらに、「すでに同地に移民した者は六〇〇〇人にのぼる。次の船団を送り出せば、一万人に達するだろう」ともいう。

キャンペーンの極みは、「現地からの手紙」である。『ジェントルマンズ・マガジン』誌九月号と一〇月号は、(10)それぞれに現地からの手紙を収録している。前者にはチェブクト湾の、後者にはハリファクス植民市の地図も添付されている。前者は、「一七四九年六月二八日、ノヴァ・スコシア、チェブクト湾へのある入植者からの手紙(写し)」と題するものである。

「六月二八日、わずか五、六週間の短い、快適な船旅でこの地に到着しました。航海中も、到着後も、ひとりとして死者が出たということは聞いていません。……一〇人ないし一二人の新生児も生まれ……さらに、ほぼ同数の女性が出産予定です」。手紙はこのような書き出しになっている。奴隷貿易における「中間航路」ほどではなかっただろうが、年季奉公人や囚人の移送船でも、自由移民の場合でも、船賃の節約のため超過密状態であったので、かなりの人びとが航海中に病気になったり、死亡したりした。[11] したがって、上記四月一二日付の『ジェントルマンズ・マガジン』誌の記録には、「八四回分のノヴァ・スコシアむけ移民全員に、ヘイル博士が発明した換気器を持参することを命じた」、とある。手紙の書き手も、この航海で死者が出なかったのは、この「通気装置」と米などの新鮮な食品のお陰だと主張している。

「港につくと、まず目についたのは、砲門二〇門を備えたスフィンクス号である。聞けば、数日前に入港したとかで、総督コーンウォリス閣下が乗船されているという。フランス軍がルイスブルグに着いたと聞いて、イギリスの守備隊をケープ・ブレトンからこの地へ移されたのである」。他にも、二個連隊が守備のために到着し、アナポリスからはレンジャー部隊も到着した、という。ノヴァ・スコシアは対フランス植民地抗争の修羅場でもあったのだ。

「チェブクトの港は、世界最良の港といってよく、漁港としては、いかなる港よりも勝れている……[港のなかにある二つの島——コーンウォリス島とジョージ島——

は」いずれも、漁業にはたいへん好都合な位置にあり、採った魚を乾かしたり、加工したりするのにも便利な地形になっている」。

「[港に注ぐサニッジ川]から北へ行くと、半マイルくらいの狭い入り口があって、その先に周囲一二マイルくらいの大きな湾があり、ベドフォード湾と名づけた。この湾では、これまで見たこともないほど、大量のサケが採れる。……湾の西側には、マストに適した松の木がいくらもある」。サケのほかにも魚や鳥が無数に採れる。天候も抜群である。

最初にタウン建設をめざしたところは不都合であることがわかったので、「半島全体を見渡せる丘のスロープに定住することになった。……すでにわれわれは、二〇エーカーほどの土地を開墾し、各自テントの傍に小屋を建てた。……波止場もいくつかつくられ、……倉庫もできたし、いろいろな種類の種も播いた。板や丸太はいつでも手に入るし、家畜もおれば、ラム酒も大量にある。毎日、二〇隻くらいのスクーナーが出入りしており、ミナスにあるフランス人の定住地からは、陸路一〇〇頭くらいのビーヴァーと同数の羊がもたらされる。ミナスは、ベドフォード湾から三〇マイルの位置にある。フランス人の代表団は、道路建設の仕事に五〇人を派遣すると約束してくれたし、インディアンの首長たちも、同様の友好と援助を約束してくれた」。

フランス人やインディアンたちとの「友好」などという主張は、大仰な守備隊の存在とは整合しそうにもないが、手紙の書き手はそんなことには無頓着であった。ともかく、「要するに、何もかも非常にうまくいっているのだ」というのが、かれの導きたい結論だったのである。

しかも、きわめて興味深いことには、この書簡を掲載した『ジェントルマンズ・マガジン』誌は、最後に次のような注をつけているのである。いわく、「二三日付『オールド・イングランド・ジャーナル』誌は、上記の手紙は、ホワイトホール［つまり、政府当局］の宣伝と決めつけており、この新植民地が、権力におもねる人間の道具とならないよう希望する、としている」、と。当時の出版ジャーナリズムの世界では、他の雑誌などからの転載そのものは、ごく日常的な現象ではあった。しかし、この注記は明らかに、『ジェントルマンズ・マガジン』誌が責任逃れをしたことを意味していよう。

にもかかわらず同誌は、次の一〇月号でもふたたび、同巧異曲の「八月一五日付、ノヴァ・スコシアのチェブクト湾からきた手紙の抜粋」なるものを掲載した。(12)

「有為転変の後に、私はこの新しい定住地につきました。それは、思いもかけず素晴らしいところでした。この湾――世界中でこれほど素晴らしい湾は、かつて見たことがありません――に初めて上陸したとき、両側はまったくの森で覆われていて、海岸線まで傾斜地となっていました。……空気は温暖で、きわめて健康的です。……だから、どうしてもイタリアを連想してしまうのです。土質は見たこともないほど素晴らしい耕土で、森林の伐採も想像したほど困難ではないようです」。鳥獣やサケ、海老、サバなどの魚も豊富だ、というのだがここではっきりしていることは、この地がいかに農業に適しているか、という点にポイントを置いた説明になっていることである。

ただし、この手紙の書き手は、先のそれよりはかなり慎重であった。これが、先の手紙の反響を考慮してのものであったか否かはわからない。たとえば、いう。「もっとも、いまはだれしも整地の手伝いをしなければならないので、漁業や猟に出るわけにはゆきません。……インディアンの人数についてはいろいろな噂があり、彼らが定住地を悩ませる話も少なくありません。しかし、私はそんな話は信じていません。……テントは、雨漏りと濃霧のため不快なこともしばしばです。……この地の雨はかなり激しいので、……冬になるとどうなるのか、いささか心配です。この地の冬はいかにも厳しく、長そうですから、そのための準備をしているところです。……今年はもう、大きなことをやるには、夏も終わりになりすぎているようです」。

しかし、この文章でも、終わりに近くなって次のような一節に出くわすと、書き手の素性が明らかになってくる。すなわち、「この植民地は、イングランドにとって非常に有用なようで、満足しています。最初にこの地の植民を提唱し、あれほど熱心にその仕事に邁進したジェントルマンたちには、かくも卓抜な行いに対して、永遠不滅の栄誉が与えられるべきであります。彼らは、そのうちに、普通なら国内で無益な生活を送り、哀れな死に方をしたはずの人びとに至福をもたらすことになりましょう」と。

「普通なら国内で無益な生活をおくり、哀れな死に方をしたはずの」退役兵士を、国益にそって利用しようとしたのが、ノヴァ・スコシア植民キャンペーンの本質であった。本来なら、浮浪者、犯罪者となりかねない退役兵士を、フランス勢力との抗争点に置き、植民地防衛の最前線たらしめようという政策こそは、イギリス重商主義のもっとも際立った特色を見事に示している。

オーストリア王位継承戦争の終結時に、大々的に展開されたこうしたキャンペーンは、いくらかかたちを変えながら、七年戦争末期にも繰り返された。一七六三年一月号の『ジェントルマンズ・マガジン』誌は、「まもなく、陸・海軍の兵士に加えて、船大工をはじめ王立海軍造船所の労働者たちが解雇されるに違いないが、彼らの多くは、おそらく職をえることが難しいであろう」という予想を掲載し、(13)彼らには国内の荒蕪地《こうぶち》を分与して開墾にあたらせるべきだ、と主張した。その対象地としては、ロンドン東北郊のエンフィールドの森、ハンプシアのニューフォレスト、漁業に適したスコットランドの西海岸の島などがあげられている。こうした入植地《コロニー》では、鍛冶屋、大工、れんが積み工等を含むようにし、パブは禁止すべきだ、というような主張もなされている。

しかし、三月号になると、ふたたびカナダ移民の勧めが登場する。「退役兵士のために公衆に訴える」と題する論説は、「もはや忘れてしまった職業に戻らなければならない除隊兵士たち」の苦況を訴える。実際には、忘れなければならないほどの職業的訓練はもとより受けていない「サーヴァント」が多かったことは、すでに見たとおりなのだが。ともあれ、この論者は、結局、カナダに移民させることを提案、すぐる戦争で未亡人となった女性たち——したがって、救貧の対象となるような女性たち——をも一緒にカナダに送ることを提案する。犯罪者予備軍としての除隊兵士を、これも社会の負担となりそうな戦争未亡人をひとからげにして、「植民地に処理」[14]しようという、これも当時のイギリス支配階級の思考様式を見事に示す主張であった。

こうして、兵士たちが送り込まれたノヴァ・スコシアとは、実際のところ、どんな場所であったのだろうか。ここに、一七四九年七月に現地の支配者エドワード・コーンウォリスが、本国の貿易・植民地委員会にあてた書簡があり、ハリファクスにおける移民たちの姿が如実に示されている。[15]

定住人口は男女あわせて一四〇〇人くらいでありますが……そのなかで、勤勉で、活動的で、新定住地の開発を実践しようというような者は、ほんの一握りにすぎません。兵士は一〇〇人くらいしかいませんし、職人や商売人、船員などで働く意志も能力もあるという者も、せいぜい二〇〇人もいません。残りは、一年は働かずに食わせてもらえるというのでやってきた貧しく、怠惰で、何の価値もない浮浪者か、ただでニューイングランドへ渡ろうという船乗りであります……。

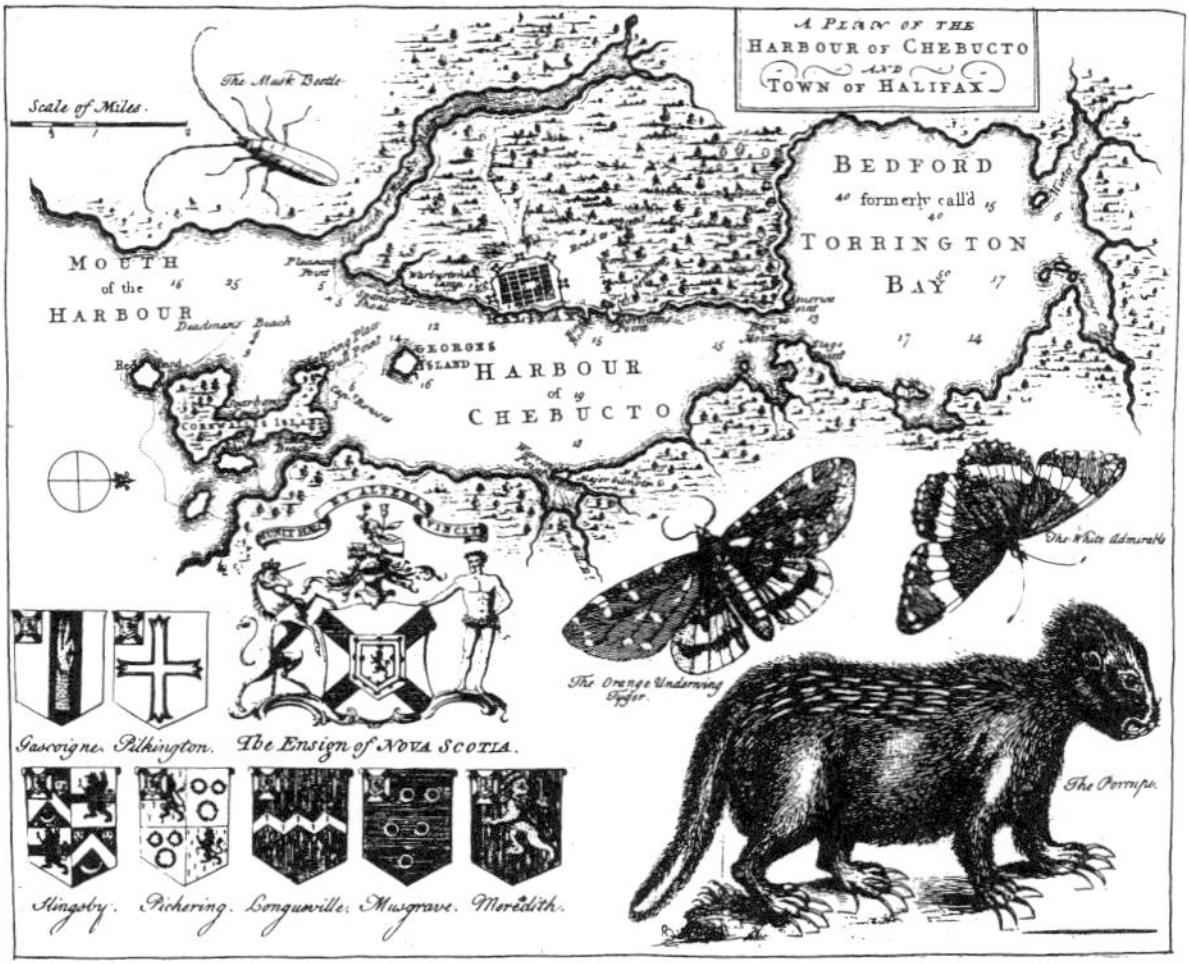

図 5-2 ハリファクス植民地．ノヴァ・スコシア
（『ジェントルマンズ・マガジン』1750 年より）

定住者の多くは靴も、靴下も、シャツさえも身に着けておらず、絶対に必要なものは、こちらから提供せざるをえませんでした……。

ここに描かれた姿は、「鳥鳴き、花開く」体の前出の「書簡」とはまったく違う。現地責任者の本国政府への申し開きの要素が強いとはいえ、悲惨という他はない。しかし、ジョン・ウィルソンなる人物が一七五一年頃に書いた『純正なる記述』(16)は、いっそう赤裸々に現地の様子を伝えている。

定住後、最初の冬に寒さで死んでしまった気の毒な人びとも多かった。原因は、家屋がなかったからである。手に入るのは、自分で建てたものしかない。ニューカッスルやロンドンで暖かい暖炉に慣れた身には、テントのまわりに雪のちらちらするのをみるだけで、石のような心も氷ろうというものだ……。

パンも高く、家畜や家禽は生きたままで買い、自宅で屠殺するのが普通であった。

〔付〕 貿易・植民地委員会による提案

(『ロンドン・ガゼット』一七四八/九年三月一一日—一四日号に掲載)

於 ホワイト・ホール、一七四八/九年三月七日

国王陛下に対して、つぎのような建議書が提出された。すなわち、北アメリカのノヴァ・スコシア植民地に市民政府を樹立したうえ、近年国王陛下の陸・海軍を除隊した将兵に土地を下賜するほか、いくつかの入植奨励措置をとり、同植民地

の漁業を振興し、改良しようというのがその趣旨である。国王陛下はこの提案に同意され、署名をなされた。かくて、貿易・植民地委員会は、国王陛下の命により、以下の通達を出すことになった。いわく、近年、陸・海軍を除隊になった将兵で、家族の有無にかかわらず、ノヴァ・スコシアに土地の分与を受け、定住しようとする者には、しかるべき奨励措置を取るべきである、と。

さらに、陸・海軍の兵士の場合は、一人あたり五〇エーカーの土地を、単純封土権《フィー・シンプル》に基づいて下賜し、一〇年間は免役地代およびその他のすべての租税を免除すること。その期限が切れた後も、こうして下賜された五〇エーカーについては、年間一シリング以上の租税負担は課すべきでないこと。

また、この五〇エーカーのほか、陸・海軍の各兵士が家族づれである場合は、女性や子供を含めて、家族ひとりにつき一〇エーカーが下賜される。家族数がふえ、耕作の能力が高まるにつれて、同様の条件で、同じような下賜がなされるべきであること。

陸・海軍の下士官にはそれぞれ八〇エーカーが、同様の条件で下賜される。またこの八〇エーカーのほか、彼らの家族には一人あたり一五エーカーの土地が与えられること。

同じ条件で、陸軍では、少尉には二〇〇エーカー、中尉には三〇〇エーカー、大尉には四〇〇エーカー、それより上の階級の人びとには、六〇〇エーカーが、それぞれ与えられるべきである。まったく同じ条件で、海軍の少・中尉には四〇〇エーカー、大尉には六〇〇エーカーの土地が与えられる……。

土地は、入植者が到着しだい、できるだけ速やかに分与され、市民政府が樹立されるべきである。この政府のもとで入植者は、国王陛下の臣民が他のアメリカ植民地で享受しているのと同じ自由と権利と免税権を享受することができる。彼らの安全と保護のためにも、しかるべき方策が講じられるべきである。

上記の呼び掛けに応じる者は、その家族を含めて、渡航中および到着後一二ヵ月分の食料を支給される。

また、彼らの防衛のために必要と判断されるかぎりの武器と弾薬も供給されるべきであるし、土地の開墾と耕作に必要な農具、住宅を建て、漁業その他、彼らの生活に必要な活動を行なうための道具類も適当な分量が支給される。

この植民計画に応募しようとする者は、書面または口頭にて、本人の氏名と所属していた連隊名ないし最後に勤務していた艦船名、それに家族があれば、家族の名前、職業、年齢などを添えて、次に掲げる役人の誰かひとりのもとに行き、備え付けの帳簿にそれらの項目を記入すること。すなわち、

ジョン・ポウエル氏　弁護士で、貿易・植民地委員会の報告書作成担当書記。ホワイト・ホールのオフィスにて。

ジョン・ラッセル氏　ポーツマスの海軍事務官。

フィリップ・バンブルー氏　プリマスの海軍事務官。

この帳簿は予定の人員に達ししだい、閉じるように指令してある。そうでなくとも、四月七日には締め切る。渡航者は一〇日から乗船を受け付け、二〇日には出航する予定である……。

同植民地の利益を考え、兵士ではなかった者でも、以下の職種の者には、兵士と同等の待遇で応募を受け付ける。すなわち、船大工、鍛冶屋、石工、指物師、れんが製造工、れんが積み工、その他農業と建築業にかかわるあらゆる職人である。

また、軍隊勤務の経験の有無にかかわりなく、然るべき身分証明書を提示しさえすれば、すべての外科医には、少尉と同等の扱いがなされるべきである。

以上、貿易・植民地委員会の指示により、記載。

書記官　トマス・ヒル

2　海を渡ったヨークシア農民たち

一七七四年三月一五日、ウィトビー港所属の「二人の友《トゥー・フレンズ》」号(船長ジェイムズ・ワット)がヨークシアのハルから当管轄区域のストロムネスに到着、ヨークシアから九九人がノヴァ・スコシアをめざして乗船してきた。同船は二〇日に出航したが、この地域では新たに移民の集団に加わったものはいない。ただ、ごく普通の慣習にしたがって、船長は少年二人を徒弟にとっただけである。この地方には、この地を離れてアメリカに移住する意志を示している者はいない模様である。

(スコットランド・カクォール港の税関吏A・ロスおよびJ・リドックから、エディンバラ税関を通じてなされたロンドンへの報告。P.R.O., T 47～12)

前節にみた、ノヴァ・スコシアへの移民推進の大キャンペーンには、どういう人びとが応じたのか。一八世紀以前のイギリスの出・入国管理と、そのためになされた二つの出国者調査については、序章でも関説するところがあったが、この二つの史料には、税関吏による「出国理由」の調査が含まれていてきわめて有益である。とりわけ一七七〇年代のそれは、包括的にアメリカ(自由)移民の動機を分析する際の最高の手がかりとなる。この史料をみると、まず第一に、ヨークシアからノヴァ・スコシアに向かう農民の大集団が目につく。(17) すなわち、一七七四年三月にハル港を出航した上記「二人の友」号の一〇一人以下、同月に同じくハルから「アルビオン」号でノヴァ・スコシアのカンバーランドをめざした一九七人、同年四月にスカーバラを「ヨークシア」号で出航した六六人、翌年四月にストックトンから「メアリ」号でノヴァ・スコシアの中心地ハリファクスに向かった二六人、七五年四月に「ジェニー」号でカンバーランドに移民した八〇人などが、確認できるのである。

一行は、生後一ヵ月の乳児から七四歳の老人までを含み、ほとんどが家族ぐるみである点で、同じ史料に現われる年季奉公人移民とはまったく対照的である。とすれば、この人びとは、いったいどのような目的で海を渡る気になったのだろうか。彼らが調査をおこなった関税吏に伝えた「出国目的」で断然多いのは、「もう少しましな生活がしたいので(to seek a better livelihood)」、または「ましな働き口を探したい(going to seek for better employment)」というものであった。しかし、「もう少しましな生活(働き口)」として彼らが意識していたのは、具体的にはどういうことであったのか。比較の原点になっている彼らの生活の現状は、いったいどのようなものであったのか。

まずはじめに、スカーバラから一家五人が移民したロバート・ジャクソンは鍛冶屋であったが、純粋の農民でなかったせいか、移民の動機を「食料品の価格が上がり過ぎて家族が養えないから」と説明している。同じ船に乗った仕立屋ロバート・メナードも同じ説明をしている。鋤づくり職人のロバート・ジャクソンのように、「あらゆる食品および必需品が高くなり過ぎた」といっている者もある。そもそものグループには、職人はあまり多く登場はしないのだが、食料の買い手であった彼らの場合、ほぼ決まってこのような説明がなされているのである。たとえば、「イングランドでは食料が高くなりすぎたので、職を求めに」行くと説明した者もある。とすれば、食料はなぜ上がったのか。食料価格の騰貴は、どのような他の社会変容と関係していたのか。

それには、「二人の友」号のファーマー、アーニステッド・フィールディングの証言がヒントを与えてくれる。彼はいう。「食料、地代、およびあらゆる生活必需品までが値上がりしたので、家族が養えない」、と。つまり、食料は地代とともに値上がりしたのである。「地主のキャヴェンディシュが地代を引き上げ、あらゆる生活必需品が値上がりしたので」という者もいた。じっさい、圧倒的に多い農民の証言は、地代の上昇に集中している。「地代が上がりすぎたので、(故郷を)離れざるをえない」とは、スカーバラから乗船した四九歳のファーマー、ロバート・ウィルソンの一家九人であった。「農場の地代が過重になっているので、生きていけない」といったのも、別のファーマーである。「二人の友」号に先頭を切って乗船した二九歳のファーマー、ジョン・スミスは、四つ年下の妻メアリと四歳を頭に三人の子供を抱えての移民であったが、「地代高騰のため、生活ができない」ことが決断の契機であった。「農地の地代が過重になりすぎているので、生活が成り立たない」という者は、このほかにも多数みとめられる。そうだとすれば、農民たちが、アメリカに渡れば「もう少しまし な生活」ができるかもしれないと思ったのは、何よりも故郷における地代の高騰のためであったことは明らかである。

しかし、地代は何ゆえに高騰したのであろうか。そもそも一八世紀前半のイギリスは、膨大な量の穀物余剰をもち、穀物の大輸出国となっていた。しかし、産業革命に伴う人口の激増期にはいると、たちまち食料の輸入国となったために、穀物価格は全国的に上昇してはいたが、そのこと自体は、直接的には農民の生活を圧迫するものとはいえない。ノヴァ・スコシアへの移民を決意した人びとには、もっと特別の理由があったはずである。これも「二人の友」号に乗船した二九歳のファーマー、リチャード・バウザーによれば、「彼らの地主、ウィリアム・ウェッデルが地代をつりあげた」のであった。エスクワイアたるウェッデルの名前は、同じ移民船の他の乗客からも何度も言及されている。合計、およそ七家族が彼の地代引き上げにたまりかねて移民を決意したらしいのである。

同様に、地主の名前があげられているケースは、結構多い。同じ「二人の友」号の乗客一〇家族から名指しされたのは、地主ジョン・マシューである。もちろん、ことは他の移民船の場合も同じである。「アルビオン」号で一家九人が移民したファーマー、ランスロット・チャップマンの場合、「ラトランド公が地代を吊り上げたので、生活ができなく」なったのであった。「ブルース卿が地代をあげたため」という者もあれば、「エスクワイアのダーカンが地代をあげたので」という者もあった。名指しされている地主は、「バルマー氏」、「ノウズリ氏」など、枚挙に暇がないほどである。地主の名前はあげていないが、あっさり「地主に痛めつけられたので」と断言した二九歳のファーマー、リチャード・トッパムのような例もある。ちなみに、地主ジョン・ノウズリ氏については、一七六五年、妻エリザベスとの婚姻に際して、婚姻継承財産を設定するプライヴェイト・アクトが議会で承認されており(18)、それによってイーストライディング郡ボイントン(Boynton)在の聖職者であったことがわかる。

しかし、こうした地主はなぜ地代を引き上げたのか。この問いには、一七七四年にスカーバラを出たマシュー・ウォーカーが答えてくれる。すなわち、「彼の教区では、小さい農場がことごとく一つの大農場に統合されたので、パンを稼ぐことができない」というのだ。これで明らかなように、一連の現象の背後には、この時代に急速に展開した「囲い込み」と、それに伴う農地の統合があったのだ。恨みをこめて名指しされた地主たちは、要するに「囲い込み」の旗手であったというわけだ。じじつ、ハル港を含むヨークシア・イーストライディング郡について、議会で成立した囲い込み

表5-1　ヨークシア・イーストライディングにかんする囲い込み認可法成立件数

	件　数	年平均
1720年代	1	0.1
1730年代	0	0.0
1740年代	5	0.5
1750年代	7	0.7
1760年代	41	4.1
1770-73年	20	5.0
1774-79年	15	2.5

Acts of Parliament and Proclamations relating to the East Riding of Yorkshire and Kingstone Upon Hull 1529-1800, ed. by K. A. Mac Mahon, 1961.

認可法(プライヴェイト・アクト)の件数をみると、次の表(5-1)のようになっており、問題の一七六〇年代から七〇年代の初めが、この地方における囲い込み運動のピークであったことがわかる。

とすれば、農民たちは、ノヴァ・スコシアに移民をすることで、何を期待したのだろうか。「地主のフランシス・スミスが地代を上げたので、海外に土地を買い求めに行く」ことにしたのは、ファーマー、トマス・スカーの一家七人であった。もうひとりのファーマー、ジョージ・ハンターのように、たんに「土地を買えるだろう」という期待から移民する者もあれば、「地代があまりにも高いので、土地を海外に求めたい」という者もいた。「アルビオン」号でハルを出発した五二歳のファーマー、ナサニエル・スミスの場合も同じで、「地主のチャップマン氏が地代を上げたので、北米にいくばくかの土地を買うために」、移民を決意したのである。

むろん、農民でなければ、ただ「よりよい仕事を求めて」ということもあったのだが、圧倒的多数を占めた農民の場合は、例外なく、土地を渇望しているのである。囲い込みで故郷を追われた農民には、都市に流れて労働者となる選択も当然あったわけだが、できることなら、大西洋を渡ってでも農業を続けたいというのが、彼らの願望であったわけだ。

すでに土地を買ってしまったので、出かけるという者も多い。たとえば、四二歳のウィリアム・ロビンソンは、家族六人とサーヴァント二人を伴って、七五年に「ジェニー」号でハル港を出発したが、渡航の理由は「すでに土地を買ったので、家族とともに移民する」のであった。二人のサーヴァントは、いずれも二〇歳代前半の男子で、いわゆる農業サーヴァントと推定される。同様に「土地を買ったので住むために」家族と出かけるという者は、この「ジェニー」号だけでも、五家族四〇人余に達している。その多くは、サーヴァントを伴っており、中には桶屋《クーパー》を伴っている例もある。

しかし、現地に着いたのち、彼らの希望はそれほど容易に充たされたのであろうか。概して、ヨークシアの農民たちは、落ちぶれて自暴自棄に近かった年季奉公人とは対照的に、きわめて慎重であった。夫が先に現地に渡って生活の目処《めど》をつけてから、妻子を呼び寄せた例も散見されるし、一般には、現地を見て、思わしくなければ帰国するとしている者が多いのである。前者の例としては、たとえば、「現地で農場をもっている夫の許へ赴く」というメアリ・パーカーは、九歳と二歳の子供二人を連れていた。同じ「ジェニー」号の乗客でも、二人の娘を連れた四七歳の農夫ジョン・ロビンソンなどは、「土地が買えなければ、帰国する」考えであったし、七四年にスカーバラを発った四〇歳のファーマー、ウィリアム・ジャラットの場合はもっと徹底しており、「かの土地を見たうえで、気に入れば定住したい」という。こうした移民の場合、いわば「囲い込み」という資本の論理によって「プッシュ」された犠牲者であり、その限りではこれも棄民の一種ではあったが、しかし、まったく自主性を喪失した流民というわけでも毛頭なかったのである。

この時期にノヴァ・スコシアに渡った人びとの、現地での生活ぶりを推定させる興味深い史料もある。ドイツ人やスイス人を含めて、ノヴァ・スコシアの人口は、一八五二年七月の調査でもなお、たかだか四二四九人とされていたから、以上に見た七〇年代のヨークシア移民やアメリカ独立後にニューイングランドから流れてきた王党派などは、この植民地の人口史にとって決定的な意味をもっていたといえよう(19)。ここで取り上げたい史料のひとつは、そもそも出国者調査に乗り出さざるをえなかったイギリス政府の立場を、ストレートに反映したものである。すなわち、ロンドンから現地当局に宛てた書簡には、こうある。「イギリスからの移民によってノヴァ・スコシア植民地の住民がふえることは、同植民地の地域的な利害からすれば、好ましいことであろうが、グレイト・ブリテンの利害や安全の点からいえばまことに深刻なことである。早急に対策をたてなければならない弊害でもある。……それゆえ、イギリスからであれ、アイルランドからであれ、同植民地に入植する人びとの人数を折りにふれ、ご連絡いただきたい」。

しかし、イギリス側でこのように重大な損失とみなされた彼らは、現地ではどのようにみられていたのか。現地ハリファクスの当局者からの次の書簡は、ヨークシア移民たちの姿を暗示している。「ヨークシアからきた移民数家族から、国に帰りたいという希望が出されており、彼らは心底それを希望しているようなので、本国が人口を失うことも防げると思い、希望に応じてイングランドへでもアイルランドへでも戻れるよう、許可しました。この措置を追認していただければ幸甚であります[20]」。

要するに、こうしたデータをみるかぎり、ヨークシアの農民たちは、『ジェントルマンズ・マガジン』誌にあふれた甘い誘いに騙されたというようなことでなかったことは、確実であった。彼らは、熟慮のうえ家財を売り、一家をあげて海を渡ったのである。その最大の希望は、急騰する地代に悩まされることなく、農業を続けられるのではないかということに他ならなかった。慣れ親しんだ生活を継続できなくなった彼らには、都市的な生活に転じる道がなかったわけではないが、売るべき家産や家財がありさえすれば、むしろ海を渡ってでも、農業を続けたいというのが、彼らの心情であったといえよう。

イギリス帝国は、華やかなジェントルマン階級の探険・植民者たちだけによって形成されたのでもなければ、貿易の利潤の拡大を狙った商人だけが形成したのでもない。ましてや、製品市場を求める産業資本家だけがつくったものなどではさらにない。落ちぶれて自発的に年季奉公人の契約をした者、犯罪に走って強制的に植民地に流された者、さらには、ここにみたような農業を続けることを最大の願望とした農民たちまでが、帝国形成のプロセスを担ったのである。

ここで明らかになったことは、彼らヨークシアの農民にとっては、前節にみた大キャンペーンのような「プル」要因よりは、囲い込みという「プッシュ」の要因の方がはるかに強力に作用していたということである。それと同時に、囲い込みの犠牲者は、やむなく都市に流れて賃金労働者となったという教科書的な筋書きの当否はともかくとしても、一八世紀イギリスの農民には、海を渡ってでも農民であり続けたいという強い欲求もあったし、それを実現する条件も存在したともいえるわけである。またイギリスから世界各地への出移民の性格という観点からすれば、このように土地渇望に根ざす農民を中心とした当時の移民と、本国の都市化を反映して「都市民」としての移住者が主体となった一九世紀末以降のそれとでは、決定的な差があったといえよう。(21)

3　「人民の一掃《ピープルズ・クリアランス》」――スコットランドを捨てた農民たち

当［スコットランドの］シェトランド諸島税関は、悪天候に災いされて本島に避難したアメリカへの移民船に乗船していた多数の移民を、かねての指示にしたがって尋問した。多数の人びとがなぜこの国を離れてアメリカに行こうとしているのか、本当の理由が一目瞭然となるので、その結果をここに同封する。

(P.R.O., T. 47～12)

ロンドンの中央公文書館(キュウ)の所蔵する一七七〇年代の「出国者調査」史料(手稿)の第四巻は、スコットランドの各税関からの出国者報告にあてられている。この史料に現われるスコットランドからの移民には、年季奉公人であれ、前節のヨークシア移民のような自由移民であれ、イングランドからのそれとはかなり著しいコントラストがいくつも見いだされる。(22)

まず、第一に、年季奉公人のなかにさえ、「家族ぐるみ」「村ぐるみ」の移民が圧倒的に多いことがあげられよう。夫婦のほか五、六人の子供づれ、老人づれという者が見いだされる。家族ぐるみの年季奉公人というのは、イングランドの例ではほとんど見いだされない特異なものである。たとえば、一七七四年にカクォール港を出発し、ジョージア州サヴァンナに向かった「マールバラ」号の場合、乗船者全員が年季奉公人としての移民であったが、ほぼ全員が「家族ぐるみ」であり、四〇歳で同年齢のスペンス夫妻には一〇歳を頭に三人の子供、四〇歳のファーマー、トマス・ガスリーには、四〇歳の妻と一八歳から四ヵ月までの子供七人というような状態である。この「マールバラ」号は、翌年にも同じ港から同じ行き先に向かってすべて年季奉公人からなる乗客をはこんでいるが、そこにも、四二歳の大工アレクス・カルダーの家族、すなわち、一〇歳年下の妻と一六歳から二歳までの子供六人がみられ、ほかにも数組の夫婦を認めることができる。

しかも、スコットランドからの年季奉公人について興味深いのは、出国の理由が記録されていることである。イングランドについては、年季奉公人はたんに「年季奉公人」と記録されているのみで、彼らがこのような形で移民することを決意した動機は、まったく語られていない。ところが、スコットランドのケースでは、これがほぼ完全に記録されているのである。したがって、スペンスー家やガスリー一家は「凶作と物価騰貴で家族を支えられない」のであったし、いっしょに渡った三二歳のファーマー、C・アダムズの場合は「凶作と(伝染病で)家畜をなくした」ことが動機であったことがわかるのである。カルダー一家も「国内ではこの仕事では食えない」のが理由であった。彼らの動機は、まったく同じ船で、同じく年季奉公人として渡航した三〇人近い若者(ほとんどが一七歳から二一歳まで)のそれとは、際立った違いを示している。すなわち、半数が農業サーヴァントからなり、残りは織布工、大工、靴屋などからなる後者では、「運だめし」が圧倒的な理由だったらしいのである。「きつい仕事なのに賃金が安い」と説明した二〇歳の農業サーヴァント、ジェイムズ・シンクレアも、実際には、ほとんど同じ心境であっただろう。これ以外では、「両親の虐待」をあげた一五歳の男性サーヴァントと「親方の虐待」を理由にした二一歳の女性サーヴァントが目立つくらいである。船によっては、おそらくこれも「家族ぐるみ」の年季奉公人移民と思われるもので、いよいよイギリスを離れることになって、決断が鈍ったらしい例も認められる。すなわち、一七七五年五月にカーソーンを出航した「ラヴリー・ネリー」号で出発した一五家族と単身者四人の計六六人のなかには、マン島のダグラス・アイルマンで乗船したトマス・トランベルの一家五人のように、「この地で逃亡した」者もあったし、ロバート・ダグラスほか一名のように、「ホワイトヘヴンで逃げた」者もいた。いうまでもないことだが、「逃亡」という言葉が使われている以上は、彼らが自由移民であったとはまず考えられないのである。

年季奉公人の出自が圧倒的に「サーヴァント」、いいかえれば「ライフサイクル・サーヴァント」――その大半が「農業サーヴァント」――であったというのが、イングランドについての本書の前半の結論のひとつであった。しかし、七〇年代の「出国者調査」にかんする限り、イングランド関係では「サーヴァント」という職業表示が、女性の家事使用人を除いてあまり出てこないことは、すでに指摘した。これに対して、スコットランド関係では、複雑な操作をしなくても、年季奉公人移民の職種のなかでサーヴァント、それも農業サーヴァントが圧倒的に大きい比重を占めていることは、一見して明らかである。たとえば、一七七五年五月九日に一〇〇人の乗客を乗せてレイス港からフィラデルフィアに向かった「友情《フレンドシップ》」号の場合、一〇代の者が六〇人おり、サーヴァントとされている者もまた六〇人であった。前年五月二日に、「国内ではパンがまったくえられないので、海外で生計をたてたい」という理由でストナウェイ港を出た一〇六人のなかの七五人も、サーヴァントとされている――ほかに、「身分《クオリティ》」では「借地農」だが、「職業」はサーヴァントという者も何人か認められる――。年齢的にも、一〇歳代半ばに大きなピークがある。

　これに対して、自由移民のスコットランド人の場合、概して次のような特徴を見ることができる。すなわち、第一に、職業の種類が少なく、彼らがあとにしたスコットランド社会の状況を反映している。とくに女性の職業表示はごく少なく、「無職」または「糸紡ぎ《スピンスター》」とされている。後者が「独身女性」を意味していることが多いことも言うまでもない。親元に在宅の子供については、スコットランド関係では、親の職業を当てているのではないかと思われるケースがかなり認められる。じじつ、家族ぐるみ移民のなかに一〇歳や一一歳の「織布工」がしばしば出現するのである。

スコットランドの「出国者調査」には、自由移民に関しても、非常にくわしく移民の動機を語っているデータが、少なくとも二つある。ひとつは一七七五年九月にスコットランド人一三六人を乗せてノース・カロライナに向かった「ジュピター号」についての聞き書きであり、より重要なのは、本節の冒頭に掲げた一七七四年五月、スコットランドのケイスネス、サザランド両州からノース・カロライナに移住しようとして、不運にもシェトランドに吹き寄せられた人びとの尋問記録である。彼らは尋問に当たった役人に詳しく移民の動機を語っており、この時期のスコットランド系自由移民にかかわる「プッシュ」要因について、ほかに例のない恰好の手がかりを与えてくれる。

まず、ジュピター号の乗客については、二人の税関役人が次のようにその性格を要約している。

以下に記載する人びとは、移民の理由をこう語っている。すなわち、ファーマーとレイバラーとが異口同音に訴えているところでは、彼らは家族が養ってゆけさえすれば、祖国を離れたくなどはないのだ、と。しかし、「ファーマーについては」耕地の地代が高騰し、牧畜をする場所もなくなったので、故郷を捨てざるをえなくなったというのである。とくに、アルパインからきた人びとは、つぎのように主張している。従来、借地農が占有して牛を飼ったり穀物を栽培したりして地代を稼いでいた一〇〇マーク*の土地のうち、すでに三三マークが(地主の)羊の放牧地《シープ・ウォークス》に転換されており、遅くとも数年のうちには、この地方の三分の二がこのような状態になるものと思われる。したがって、故国を捨てざるをえなくなったのだ、と。

また、農業労働者(レイバラー)の言い分は、賃金が安すぎて家族が支えられない、ということである……。

(フレイザー連隊の大佐であった)キャプテン・アラン・ステュアートは、先の戦争の終結時に政府から下賜された土地に入植するつもりだが、アメリカで戦争が続くようなら、ゲイジ将軍の軍隊に入隊するつもりだという。

一方、商工業の人びと《トレイズメン》は、むこうへいけばよい賃金がえられるだろうという期待をもっているが、彼らの主な理由はむしろ、親戚についてゆくということである模様である。

一七七五年九月四日
徴税官　ダンカン・キャンベル
経理官　ネイル・キャンベル

＊　マークは、兵役代納金支払い義務のある永代借地の単位

軍人と職人や小売商の移民の動機は、明らかにファーマーやレイバラーのそれとは違っていたが、彼らはこの移民集団のなかの中心をなしていたわけではない。したがって、この集団もまた、先のヨークシアの農民たちとほぼ同じ理由で故国を捨てたことは明白である。

他方、シェトランド税関の報告書でも、五〇歳、六〇歳代の移民がかなりいることと、家族づれのファーマーが圧倒的に多く、独身の最下層民と思われる者はいない。彼らの供述は非常に詳しいので、彼らの故郷で何が起こっていたかは、容易に推測できる。彼らの主張を理解するためには、スコットランドの農業＝土地制度について多

少の予備知識が必要なこともあるが、それはあとに回して、とりあえず典型的な例をいくつか検討しよう。

ジョン・カタノック(五〇歳、既婚、子供四人[一九歳―七歳])の供述

ケイスネス州レイ教区の聖職者アレグザンダー・ニコルソンの所領からノース・カロライナのウイルミントンに向かう。不作でパンが高く、地代が二ポンドから五ポンドに上がったことが原因。それに、放牧場と共有地がとりあげられ、そこに新しいテナントが置かれるようになった。とくに彼にとっては、それが唯一の牛を飼える場所であったので、結局彼の農場は全体が無意味になってしまった。牛は牧草がなくなって死んだし、べらぼうな「タクスマンへの貢納」もとられるので、穀物畑だけではとても食べていけない。地代をあげたうえ、地主はほかにも独断的で抑圧的な奉仕を要求する。たとえば、彼に[自分の土地を掘り返して泥炭を掘り当て、馬車につんで運び、積み上げること、乾草を刈り取り、積み上げること、穀物を刈り取り、庭に運ぶことなどを要求する]。このために、彼は複数のサーヴァントと馬を、毎年三〇ないし四〇日も提供しているのに、一言の

謝辞もなければ、乾草刈りをした連中が昼食に呼ばれた以外には、食事も与えられたことがない。
すでにアメリカにいる友人のアドヴァイスで、その気になった。アメリカでは食料はきわめて豊富で安く、労働の価格は高いので、節約家で働き者であれば、生活改善の可能性が大いにある。故国では、ウィスキー生産のためにパンの価格が急騰し、逆に牛の価格は半減したうえ、地代は吊り上げられたので、小農場はことごとく破滅するほかなくなった。

この供述には、他の大半の移民があげている要因のほとんどが集中的にあらわれているという意味で、ひとつの典型である。「タクスマン」の搾取というスコットランドに固有の問題を別にすれば、要は、囲い込みによる牧畜の可能性の喪失、苛斂誅求をきわめた地主の搾取、とくに賦役の厳しさに加えて、凶作と折から展開したウィスキー製造業による需要のために生じた穀物価格の急騰などか、ハイランドからの移民の核をなした、彼ら小ファーマーにとっての「プッシュ」要因のすべてであった。したがって、同じ事情は、たとえばサザランド州ファー教区出身の小ファーマー、ジョン・ダンカンについても語られている。

ジョン・ダンカン（二七歳、ファーマー、既婚、子供二人［五歳、九ヵ月］）の供述数年続いた凶作とパンの高騰、牛の価格低下が移民を決意した動機である。「牛一頭で一ボウルの穀物しか買えない*」。サザランドの人びとは、かねてケイスネスから穀物供給をうけていたが、彼の州のファーマーたちは、ウィスキー製造の原料に売った方が高く売れるので、売ってくれなくなった。

* ボウル(boll)は、容積の単位だが、地域や対象となる穀物の種類によって、二ないし六ブッシェルで一定しないので、このように訳しておく。ただし、スコットランドでは、通常は六ブッシェル。

同じサザランド州のキルドナン教区に住んでいたファーマー、ヒュー・マセソンは少し詳しい変化を語っている。すなわち、「数年まえから牛の価格が上がったため、地代が二ポンド一六シリングから五ポンド一〇シリングへはねあがった。ところが、その後牛の価格はひどく下がったのに、パンの価格は相変わらず高い。したがって、牛の取引業者でもあるファクター(のちに説明する「タクスマン」)は、『牛一頭で一ボウルの穀物をしか寄越さない』。……それでも、牧草地で穀物はとれないから、借地農は、相手の言い値で牛を手放すほかはない」、と。「牛一頭で一ボウルの穀物しか買えない」という表現は、当時、流行となっていたようで、ほかにも多数の供述者が口にしている。たとえば、じつに七五歳という高齢で移民を試みたファーマー、ヘクター・マクドナルドも、サーヴィスの強化、ウィスキー産業の影響のほかに、家畜(牛)の死亡を重要な理由としてあげ、「以前は五〇シリング(二ポンド一〇シリング)から三ポンドもした牛一頭で一ボウルの穀物がやっとである」と嘆息している。ウィスキーの製造が盛んになって、穀物価格が急騰し、逆に、放牧地を失った人びとが、先を争って牛を手放したために、牛は買いたたかれて価格が急落したらしいことも、ほとんどの人が示唆している。いわば、スコットランド産業革命の進行が、こうした小ファーマーの伝統的な生活を破壊したということである。なお、ハイランドの穀物価格に関する時系列データはえられないが、ローランドのイースト・ロージァンでも一七六〇年ごろから小麦、バーレー、オートはいずれもジリジリと値をあげ、とくに七一年から七四年までは一段と騰貴が進行している。たとえば、一七〇一年から五年までの五年間には平均一〇シリング強であった一ボウルの二等級小麦は、六〇年代前半には一二ないし一八シリングとなり、七一年から七四年にかけては、つねに二〇シリングをこえた。(23)

しかし、なかには、他の人びととはやや異なった体験をもち、多少ニュアンスの異なった説明をしている者もある。たとえば、三〇歳のファーマーでサザランド州からきたウィリアム・マッケイは、妻と三人の子持ちであったが、もう一人いた子供は故郷を離れてから亡くなっている。凶作と家畜の値段の低下が彼の困窮の主要な要因で、土地は「ワドセット(抵当)」となっていたが、この場合、地代は引き上げられなかったという。ケイスネス州レイ教区出身の四〇歳のファーマー、ウィリアム・サザランドの場合は、地代を吊り上げられたうえ、賦役の強化や賦課金《ファイン》や「牧草税《グラースサム》」をむやみに取られたというが、同時に、このような地代騰貴の原因は、「戦争が終わって、小金をもった退役兵士が帰省して」競争になったためだという。帝国の拡大のための重商主義戦争の戦後処理は、こんな形でも人びとの生活に深刻な影響を与えたということになろう。

こうして、困窮した小ファーマーは、ステイタスの低下を覚悟してでも移民を決意する。移民といえば、通常は、ステイタスの上昇を期待しているものだけに、この事実はいかに「プッシュ」の要因が強かったかを示す証左となる。すなわち、六〇歳で妻と娘を抱えたファーマー、イーニアス・マクロードの場合、ノース・カロライナに行って「日雇いのレイバラー」となる覚悟であった。「アメリカでは、一日働けば一週間は食えると聞いているので」、レイバラーとなることも苦痛とは思えないというのである。数年前、牛の価格が上がり、地代が年間二八ポンドから三八ポンドへと急騰したのに、その直後から牛の価格も半減したうえ、一方的なサーヴィスも強要されるので、スコットランドでは生きていけないからでもあった。

このようにみてくれば、スコットランドの事情は、前節にみたヨークシアのそれとほとんど同じであったともいえるが、スコットランド、ことにそのハイランドには、特有の農業＝土地制度があったので、それだけことは深刻化したのである。[24] スコットランドからの移民は、一七六三年以前にはほとんど個々に年季奉公人として渡っただけで、多くはなかった。その出自もほとんどがいわゆるローランドの出身であったと思われる。しかし、これ以後の移民は大規模化、組織化が進行し、スコットランドのなかでもハイランドの農業革命と結びつくようになった。「人民の一掃」と呼ばれるゆえんである。農業革命自体、ローランドでは、一七世紀末から始まっており、そのために土地をおわれた農民は、一方では、イギリス産業革命のひとつの中心となるグラスゴウやエディンバラなどの都市に流れて労働者となったといわれるが、他の一部はアイルランド、とくにアルスターに入植した。しかし、その後の経済変動を通じて、どちらの道を辿った者も、結局アメリカへ再移住するケースが少なくなかったともいう。(25)

しかし、一七六三年以降のハイランドにおける農業革命の進行は、事態を一変させた。J・M・バムステッドが分類したところでは――簡単に確認もできることだが――、上述の「出国者調査」の一七七四年と七五年の記録においてさえ、ローランド出身者とハイランド出身の移民との間には、明白なコントラストがみられるという。すなわち、前者では、若者で職人がおおく、戸主の八〇％以上が農業以外の職をもっていたうえ、戸主の八〇％弱が単身でもあった。戸主の平均年齢は二四・八歳、移民の理由は、貧困、食料不足などであった。これに対して、後者、すなわちハイランド出身者の場合は、戸主の三分の二は家族づれであり、また同じく戸主の三分の二は農民であり、戸主の平均年齢も三二・四歳と高かった。移民の理由は圧倒的に「地代騰貴」である。[26] したがって、全体としてみれば、ハイランダーが中心となった六三年以降、移民の中産階級化がすすみ、組織化もされることになったのである。とすれば、その背後には、スコットランド農業史のどのような事情があったのか。

ハイランドでは、がんらい一族の長でもある「レアド(laird)」と呼ばれた大地主が数十人おり、在地の有力者としては、族長たるレアドの軍事的代理であった「タクスマン(tacksman)」がいた。しかし、一八世紀にはすでに、彼らには軍事的な意味はなくなっており、その地位は売買もされる単なる中間搾取者のそれと化していた。法的には、レアドの権限は絶大で、借地権はきわめて弱かったうえ、借地契約も毎年更改する必要があった。そのかわり、レアドはクランの範囲内ではかなりパターナルな行動様式を維持してもいた。たとえば、戦争に駆りだされた兵士の家族は、レアドが面倒を見る習慣があり、これがスコットランドが傭兵の供給源として重要性をもっていた理由だともいわれている。こうしたパターナリズムは、古くはタクスマンにもみられた。

他方、もともとは、レアドなどの地主に金を貸すかわりに、担保(ワドセット[wadset])としてその用益権をえた「ワドセッター」なる者も出現する。実際には、タクスマンがすなわちワドセッターであるケースが大方であったといわれ、一八世紀のタクスマンとは、ワドセッターそのものであったといってもよい。ところが、一八世紀後半になって、利子率が低下すると、地主つまりレアドがいっそう有利となり、ワドセッター＝タクスマンの地位が著しく低下する。増収政策としてレアドが実施した土地の再測量(地代の引き上げを可能にする)、借地契約の長期化(改良投資を可能にする)、囲い込み(伝統的な混淆耕地「ランリグ(runrig)」を廃止する)などは、まず彼らワドセッターを圧迫し、後者がこれに対応すべく搾取を強めた結果、一般農民の生活もまた、極度に圧迫されるに至ったのである。

ところで、ここでいう農民にも、さらに明確な階層区分がある。すなわち、テナントとさらにそのテナントの下にいるサブ・テナントとである。このテナンシーの階梯は何層にもなっていることもあり、ヘブリーデス島のような僻地では、最下層のそれは奴隷というに近かったという説もある。文化的伝統の違うスコットランドの社会関係を、イングランドのそれを示す言葉で表現することには、かなりの無理があることはいうまでもないが、あえていえば、サブ・テナントは土地に対する権利を事実上もたないので、レイバラーないしサーヴァントにあたるものである。とすれば、これまでみてきたデータにしばしば登場した「ファーマー」が、一種の「テナント」を指していることも明らかである。

具体的な例をいくつかあげよう。一家一〇人で移民を決意した六〇歳の老ファーマー、ウィリアム・ゴードンはいう。「住んでいた土地は、しばしばマスターが交替し、その度に地代があがった。ベイリー氏がこれを買い取ったときには、これを一括してひとりのタクスマンに貸し出し、後者はまたそのうえに利益を積み上げた」、と。四〇歳の仕立職人兼ファーマーのジョージ・マッケイもいう。「サザランド州の(自分の住んでいた)地域は、タックでジョージ・ゴードンに用益権がセットされており、このゴードンが地代をあげた」。彼はそのうえ、年間一二日の賦役をも要求した、と。ファクター、つまりタクスマンによって、「一片のパンも与えられず、年間四〇日もの賦役を強制された」とは、七五歳のマクドナルドの言い分である。

しかし、もちろん、根本の原因は、タクスマンにあったのではない。彼らの立場もきわめて苦しく、実際には、彼ら自身が移民の先頭に立っている例を、いくらもあげることができる。[27] 霜や家畜の伝染病などの自然の災害を示す記録もあるが、移民の主要な動機は圧倒的に人間社会のものであったとすれば、その最大の責任は地主の側にあったといえよう。「人民の一掃」とか「土地の一掃」などといわれる大人口移動の責任をめぐっては、歴史的にもいろいろ論争があり、地主にしても、労働力を失うことが利益になったはずはないとする見解もある。しかし、一七七〇年代の移民にかんするかぎり、蒸留酒製造業と農業革命の展開をぬきにして語ることはむずかしい。したがって、意識的に「人民の追放」を企てたのではないにしろ、地主主導のスコットランド農業革命が、大規模な移民の根本原因であったことはまちがいない。(28)

一九世紀になれば、いわゆる「ポテト飢饉」以後のアイルランドは言うにおよばず、スコットランド、ウェールズからの移民は激増し、ケルト辺境がイギリスからアメリカへの移民の核をなすにいたる。しかし、一八世紀の段階ではスコットランドがとくに重要な意味をもっていた。理由は、以上の考察によってほぼ明らかになったはずである。ウェールズからの移民は、一八世紀には宗教的な理由によるものがほとんどで、人数はごくわずかであった。むしろ、その少なさこそが説明を要する現象であるという見解さえあるほどである。(29) しかし、世紀末に至って、本書の第I章で触れた、コロンブスより何世紀もまえにアメリカに渡ったという北ウェールズの王子マドックの伝説が、ロンドンの知識人社会を中心にロマンティシズムとウェールズ・ナショナリズムが勃興するに伴って復活し、マドックの子孫をアメリカ・インディアンのなかに探し求める探険隊が派遣されたりするにおよんで、ウェールズ人のアメリカへの関心が一挙に高まった。(30) この「マドック伝説」は、つとにエリザベス朝のインテリ、ウェールズ人ジョン・ディー以来、イギリスがトルデシリャス条約を否定して、スペインに対して新世界の領有権を主張する際にしばしば利用されてきたのだが、ここに至ってウェールズ人自身の移民を誘発する要因ともなったのである。(31)

いずれにせよ、これらケルト辺境の人びとにとっては、イングランドそのものが移民や出稼ぎの対象地でもあったわけで、出移民と工業化や言語をはじめとする文化の「イギリス化(Anglicization)」との関係を、いま少し掘り下げて検討する必要があろう。

それにしても、一八世紀のケルト人移民は、逆に故郷、つまりケルト地区にはどのような影響をあたえたのだろうか。ここに、スコットランド、ニューラナークシアの地主J・Rあての書簡という体裁をとった、ひとつのパンフレットがある。一七七一年に出た匿名のこのパンフレットは、近年の出移民の異様な増大を憂い、その原因を明らかにしようとした長大なものである。本章の視角からいってきわめて興味深いの

で、以下、その論旨を紹介しつつ、すでにみたスコットランドからの移民についての諸事情を、再確認しておきたい。(32)

パンフレットの筆者によれば、いまやこの国から出ていく人びとは、かつてのような社会の屑ともいうべき連中や、職業柄一時的に出国する商人や弁護士ではない。「真面目で勤勉な農業労働者」が、それも集団をなして、アメリカへ大量に移住しはじめているのだと、かれはいう。「失業し、落ちぶれた人間や、野心に富んだ人間が、バラバラに出ていくのではなく」、北アメリカの土地を占有して、その耕作にあたることを目的に、農業労働者が出国しているのだから、彼らは出稼ぎなどではなく、帰国の意志はまったくない。これらの点で、近年の移民現象は、まったくこれまでとは違う新しいものであり、スコットランドにとっては、まさに危機的なものである。それも、「スコットランドの五分の一はなお、まったくの未開墾地であり、国土の二分の一はなお自然のままだというのに」、こういうことが起こっているのである。

とすれば、この原因は何か。宗教上の寛容は、すでに名誉革命以後、この国では完全に保証されており、宗教的迫害などが理由ではない。過剰人口を口にするものもあるし、じじつ都市の人口などは増えている気配であるが、農村の人口が減っていることもまちがいなく、全体としては過剰人口などありえない。結局、近年の大量移民の「真の、根本的な原因」は、スコットランドがいまだに封建制度の下にあることだ、とこの論者はいう。かれのいう「封建制度」とは、「多数者の犠牲において少数者の利益を守る制度」、つまりは、富すなわち土地を、少数の領主に集中させ、多数の民衆を困窮させるようなシステムだというわけである。氏族制度に代表される「旧《アンシアント》い封建制度」の残存するこの国では、農民は「土地つきで売られ、奴隷のごとくである」。民衆の政治への参加など、さらにありそうもない。いまやイングランドでは年収四〇シリングの土地をもっていれば参政権があるのに、スコットランドでは四〇〇ポンドでなければならない。

こうして、スコットランドでは、イングランドはもとより、アメリカ植民地にくらべても、「封建的」法体系が強固に残存しているうえ、苛酷な「時代の風(manners of the age)」が重なって、「異常な地代の引き上げ(unmeasurable screwing of rent)」が容認されていることが、大量移民の根本原因だというのである。このパンフレットの著者によれば、近年、新たに土地を手に入れた「判事、弁護士、商人、その他」も、こうした「風」にすっかり染まっているという。そのうえ、八ないし一〇年来の凶作と、醸造業の展開に伴って、穀物価格が急騰していることが、このような地代騰貴のもうひとつの背景をなしている。さらに決定的な要因は、囲い込み、ないし土地の交換・分合である。穀物価格が高いときに、高い地代で契約した小作人は、それが値下がりすると、流民化するしかなかったし、高い穀価は、農業以外の職種の者、および農業でも、穀物を購入していた日雇のレイバラーなどには、決定的な打撃となった。

それにしても、かつては相互の信頼があって、地主は「それほど簡単には、テナントを追い出すこともなかったのに」、いまや地主の態度は一変し、「農民の方も、スコットランドを離れることをじつにクールに語っていること、驚くばかりである」。つまり、地主の変化に伴って、農民の「心情(manners)」もまた、変わってしまったのである。このような心情は、かつてスコットランドを追い出され、アイルランドに渡った農民たちのそれとも共通している。かれらはいう。「わが祖先たちは、スコットランドで……ひどく迫害され、祖国を捨てざるをえなくなった。かくして、かれらはアイルランドをめざして海を渡ったのである。アイルランドにも抑圧者が出るならば、この土地を勝手にさせるがいい。われわれは、祖父たちが渡ったそれよりも、ちょっと広い海を渡りさえすれば、北アメリカに定住し、ほとんどただ、ただで広大な土地を獲得することができるのだ」、と。このように、農民の心が祖国を離れてしまい、「根無し草」的な心性に陥ってしまうことが、もっとも深刻な問題なのだというのが、パンフレットの著者の結論である。

それでも、従来は、人びとは互いに孤立しており、外地についての知識も乏しかったので、いかに虐げられていようと、「洪水のような」移民にはいたらなかったのである。ところが、過去半世紀ほどのあいだに、スコットランド人にとって北アメリカはごく身近な存在になってしまったために、「スコットランドは、過去のいかなる時代とも違うものになってしまったのだ」。よくみると、移民の出身地は、「これまで海軍や商船の船員を主として輩出してきた海岸地域、島、大河の流域――とくにハイランド――が圧倒的であることがわかる。こうした地域では、これまでは若者が海に行き、歳をとると帰国した」のだが、「今やかれらはアメリカに定住し、農業を営み、そこで死ぬまで暮らすつもりで出掛けるのである」から、二度とこの国に戻ることはない、ともいうのである。

こうしてみると、この小冊子の著者の言葉でいう「封建制度」と「近年の風(ないし心性)」とは、いわばイギリス帝国の中核の一部をなしながらも、そのなかでは

「後進的」な地位にあった、スコットランドの——というよりケルト地区全体の——特異な状況の特徴であることがわかる。かれらの故郷は「封建的」で「後進的」であったからこそ、帝国の労働力供給源とならざるをえなかった、といちおうはいえる。しかし、同時に、かれらが追い出された具体的なプロセスをみれば、囲い込みや醸造業の展開といった「工業化」の過程が背景にあることもわかるからである。「世界システム」の外部にあって、奴隷としての労働力を供給したアフリカとは、その背景がまったく違うのである。しかも、この点では、スコットランドの事情は、おそらくはアイルランドのそれと比べてさえ、よほど違っていたのではないだろうか。(33)

おわりに

一七・八世紀の交におけるイギリス領アメリカ植民地を、南から北へ大まかに見渡すと、ひとつのおもしろい事実が浮かびあがる。奴隷制砂糖プランテーションが展開し、早くも富裕なプランターの不在化がはじまったカリブ海域から、白人年季奉公人という、これもいわば一種の強制労働に支えられた大陸南部の煙草植民地を経て、「自由な」労働を基礎とし、ステイプル、つまり本国へ大量に輸出されるべき換金作物をもたないニューイングランドまで、労働の管理形態がしだいに強制度の低いものになっていくのである。しかも、このような違いがステイプルの有無やその性格の差に由来することは一見してあきらかである。英領を中心とする北米や西インド諸島における奴隷制度とラテンアメリカのそれとの差をめぐっては、いわゆるタンネンバウム－エルキンズ論争があり、前者の苛酷さが強調されているが、視野を奴隷制の比較に限らなければ、奴隷制を砂糖という特定のステイプルとの関係で論じたE・ウィリアムズの慧眼に敬服するほかはないのである。

「世界経済」の辺境部に位置したこのような地域では、なんらかの意味での「強制労働」にたよらざるをえなかったとは、I・ウォーラーステインの主張である。しかし、そのようにいうだけでは、ここでいうような地帯別の差は説明しえない。さらに彼のいうところでは、「辺境」の強制労働力は、たとえばアフリカ内部のような「近代世界システム」の外部から持ち込まれて初めて意味がある。しかし、そうだとすると、むしろシステムの「中核」にあたるイギリス本国から導入された白人年季奉公人とは、いったい何だったのか。一見、煙草植民地を中心とする白人年季奉公人制度は、こうしたウォーラーステインの理論体系には背馳するようにもみえる。むろん、だからこそ、それは、短命に終わり、黒人奴隷制に代位されたのだということも可能であろう。だが、それにしても、そこにはマクロな理論化ではおさえられない何かがあると思われるし、その「何か」を解く鍵のひとつが、(1)砂糖とは違う「煙草」というステイプルそのものの特質にあることも、確実である。

ところで、アメリカ合衆国では、奴隷貿易や奴隷制度の場合に比べて、とくに激しい反対運動もないままに、独立戦争を契機に年季奉公人の形態をとる移民は衰退し、事実上は一八一九年に、法的にも一八三一年には、完全に消滅してしまう。すなわち、一八一九年に年季奉公人を積んでフィラデルフィアに入港した船があったが、まったく引き取り手がなかったという。さらに、カリブ海域では奴隷制度が廃止されたあと、多くの点で年季奉公人によく似たアジア系の「契約労働者(contract labourer)」――「年季奉公人(indenturerd servant)」に対して「年季契約労働者(indenturerd labourer)」とよぶこともある――が導入される。(2)これに対して、合衆国では一部中国人をのぞいて、そうしたいわば新型の「年季奉公人」も主流をなさず、自由移民と解放された黒人を労働力とする体制が展開する。とすれば、一九世紀アメリカでは、なにゆえに年季奉公人制度は継続しなかったのか。

まず第一に、単純労働力としての年季奉公人は、ヴァージニアを皮切りに、すでに奴隷制度時代から黒人によって代位されていた。メリーランドにおいてさえ、独立戦争の頃にはもはや年季奉公人といえるものの中心は、囚人(「強制された年季奉公人」)になっていたともいわれている。(3)したがって、一八世紀中期には、ペンシルヴァニアが年季奉公人移民受け入れの中心であったと思われるが、そこでもイングランド人よりはドイツ人とアイルランド人が多数を占めたというのが通説である。もっとも、史料に則してみると、イギリスからの移民のなかでは、なお年季奉公人がそれほど少数派になったとは、とてもいえないことはすでにみたとおりである。ともあれ、イギリス側のいわゆる「船客法《パッセンジャー・アクツ》」が旅客一人に五トン以上の船腹を要求した結果、肉体労働者の輸送はペイしなくなったという説もある。のちにはアメリカ側の同様の法律によって、ドイツ系の年季奉公人移民もペイしなくなったのだともいわれている。

他方、熟練技術者を年季奉公人とすることは、一七八五年のイギリス法が、職人の海外への移民を禁止したことと、刑務所改革の一環としての債務による強制移民が禁止されたために、ほとんど不可能となった。ナポレオン戦争の終結もあって一八一六年以降は、渡航費もいっきょに低下したので、熟練労働者をえるには、自由移民しかありえないことになったのである。(5)

しかし、年季奉公人移民史の意義は、こうした西半球の労働力供給にかかわることがらだけでもない。そこには、この時代のイギリス社会のありかたそのもの、よりひろくいえば、形成途上のイギリス帝国の特性が、色濃く現われているというべきである。年季奉公人は、たしかにアメリカ社会では「労働力」として機能し、直接これを利用したプランターには歓迎もされた。（ただし、本書は、アメリカに渡って以後の移民の実態などの問題は、あえて捨象した。）しかし、かれらは、イギリス・サイドでは文字どおり「社会問題」の種だったのであり、イギリスにとってアメリカ植民地とは、その処理場――救貧院であり、刑務所であり、孤児院であった――にほかならなかったのである。つとにデフォーも、次のように論じている。すなわち、「ここ植民地において、現に増加しつつある貧民を処理することができる。彼らはそこへ貧民として出かけ、金持ちになって帰ってくる。……流刑に処せられた重罪人ですら、［処刑場である］タイヴァーンにではなく、ヴァージニアへと送られる。幾千人という罪人が……転向して正直者となり、金持ちで実力のある農園主や商人となって」いる、と。(6)社会問題を、できれば植民地に押し出すことで解決しようとする傾向は、一九世紀のイギリスにも強烈に残る。にもかかわらず、わが国の近代イギリス史の研究には、古典的な「帝国主義」研究を別にすれば、従来なぜかこうした対外関係の観点からする視角は、一九世紀についてさえ、ほとんど採用されていないように思われる。ことは社会史となるといっそうひどくなっている。社会史というものが、ともすると硬直しがちな経済史、ないし社会経済史からの脱出の試みだとすれば、たんに国内のますます小さな集団に関心を集中させるだけで終わるべきではないし、その守備範囲を一国内の権力関係の分析に極限したりすべきでもない。

しかも、とどの詰まり、あらゆる難題の解決を植民地に求めようという、このような発想は、イギリスの場合、支配者の側に限られたことでもなかった。いわゆる囲込み――スコットランドでいう「人民の一掃」――の犠牲者にしても、危機に瀕したわが人生の挽回を期すには、国内の新興工業都市にばかりに目をむけたわけではないのである。最後の拠り所は、海外にもあったのだ。つとに一七五八年、政治算術家としても知られたJ・マシーは、次のように断定している。「[ロンドンに出てきても]思うような職にありつけなかった人びとの多くは、地方に舞い戻って笑い者になるよりは……軍隊に入るか、プランテーションに行くか、その外の方法をとるものだ。……そうでなければ、泥棒かスリの仲間入りをすることになる(7)」と。ここで、マシーのあげている最後の方法も、強制的年季奉公人のかたちをとってアメリカ植民地につながりがちであったこと、すでに論じたとおりである。

最後の拠り所を植民地に求めるこのような傾向は、一九世紀にはいっそう強まりこそすれ、弱まることはなかった。たとえば、一八五〇年には、ロンドン下層社会の聞き取り調査で知られたヘンリ・メイヒューの記事に刺激された博愛主義者アシュリ卿とシドニー・ハーバート氏が、「苦汗制度」と呼ばれた搾取の厳しい下請制度のもとで縫い物の手内職に従っていた貧民女性数千人を、オーストラリアに送りこもうとした。(8) それどころか、この傾向は現在に至るまでも、多少形を変えながら継続している。かくてイギリスは、旧帝国各地からの大量のイミグラントを受け入れつつ、他方では、相変わらず一旗あげようとする人びとの、アメリカやコモンウェルス各国への出移民をも記録し続けているのである。「イギリスの庶民で、家族の一員が海外に出ていないなどということはまずない」という、本書の冒頭に掲げたデクタルの観察は、この点において、近代イギリス社会の特質を鋭く突いたものといわなければならない。

近代イギリスの路地裏は、つねに帝国につながっていたのである。

注

序

（1）A *French Sociologist Looks at Britain*, translated by B. M. Ratcliffe and W. H. Chaloner, 1977, p. 65.

（2）E・ウィリアムズ、拙訳『コロンブスからカストロまでⅡ——カリブ海域史 1492-1969』岩波書店、一九七八年、第一九章。原語は'contract labour'.

（3）池本幸三『近代奴隷制社会の史的展開』ミネルヴァ書房、一九八七年、四三頁以下参照。

（4）A. E. Smith, *Colonists in Bondage*, 1947, p. 73.

（5）P.R.O., C.O. 324/4, 87-91. 'Order to prevent abuses in transporting servants.' 西半球に大きな植民地のなかったオランダの場合、東インド行きの船員等について同様の現象がある。栗原福也「東インドへの船上にて——その一」『東京女子大学社会学会紀要』一七号、一九八九年、四頁など。

（6）4 Geo. I, c. 11. 以下、法令の引用は、とくに断りのない限り、*Statutes of the Realm*

またはStatutes at Largeによるものとし、ページなどは指示しない。

(7) *Barlow's Journal of His Life at Sea in King's Ships, East and West Indiamen and Other Merchantmen from 1659 to 1703*, 1934, pp. 26–27.

(8) Smith, *op. cit.*, p. 59.

(9) H. G. Graham, *The Social Life of Scotland in the Eighteenth Century*, (1899) 1969, pp. 498–499.

(10) マドック伝説については、G. A. Williams, *Madoc: The Making of a Myth*, 1979; D. Williams, 'John Evans's Strange Journey', *Transactions of the Hon. Soc. of Cymmrodorion*, session 1948, 1949; G. A. Williams, 'Welsh Indians: the Madoc Myth and the First Welsh Radicalism', *History Workshop*, vol. 1, 1976. ジョーンズの手紙は、*Gentleman's Magazine*, 1740, pp. 103–105.

(11) 3 & 4 James I, c. 4.

(12) A Proclamation to restraine the King's Subjects from departing out of the Realme without licence in *Stuart Royal Procramations*, ed. by J. F. Larkin, 1983, pp. 463–465, 21 July, 1635.

(13) *The Diary of John Evelyn*, ed. by de Beer, O.U.P. edition, vol. II, 1955, p. 29.

(14) *Transcript of Three Registers of Passengers from Great Yarmouth to Holland and*

New England 1637–1639, Norfork Record Society, 1954.

（15）R. Price, *An Essay on the Population of England from the Revolution to the Present Time*, 2nd ed., 1780, p. 29. この議論は，人口論争にかんするかれの初期の著作からほぼ一貫している。

I

（1）J. C. Hotten, *The Original Lists of Persons of Quality; Emigrants; Religious Exiles; Political Rebels; Serving Men for a Term of Years; Apprentices; Children Stolen; Maidens Pressed; And Others Who Went from Great Britain to the American Plantations 1600–1700*, (1880) 1969.

「乗船者名簿」は，M・テッパーが精力的に編集，出版した。たとえば，M. Tepper, ed., *New World Immigrants: A Consolidation of Ship Passenger Lists and Associated Data from Periodical Literature*, 2 vols., 1980. 最新の，もっとも包括的なリストはP. W. Filby, ed., *Passenger and Immigration Lists Index*, 3 vols., Detroit, 1981. また，アメリカ側の史料案内としては，*Immigrants from Great Britain and Ireland: A Guide to Archival and Manuscript Sources in North America*, compiled by J. W. Weaver and D. Lester, 1986がよい。リストの分析の例としては，古くはM. Campbell, 'Social Origins of Some

Early Americans,' in J. M. Smith, ed., *Seventeenth-Century America*, 1959.（今関恒夫氏の試訳が『同志社アメリカ研究』X、一九七四年にあるが、職業名をはじめ、イギリス社会史研究の進んだ今日では、訳には多少問題があることになろう。）比較的最近の分析については、さしずめ次の論文をみよ。R. Dunn, 'Servants and Slaves: The Recruitment and Employment of Labor,' in J. P. Greene and J. R. Pole, eds., *Colonial British America: Essays in the New History of the Early Modern Era*, 1984, pp. 157-194.

（2）J・チャイルド、杉山忠平訳『新交易論』東京大学出版会、一九六七年、二二九―三一頁。

（3）R・ハクルート、越智武臣訳「西方植民論」『イギリスの航海と植民（2）』大航海時代叢書Ⅱ、岩波書店、一九八三年、二一五―一七頁。

（4）*Tudor Economic Documents III*, p. 257.

（5）J. Thirsk, *Economic Policy and Projects: The Development of a Consumer Society in Early Modern England*, 1978, 'introduction.'（三好洋子訳『消費社会の誕生』東京大学出版会、一九八四年）

（6）R・ハクルート、上掲訳書、二二二頁。およびF・ベーコン、神吉三郎訳『ベーコン随筆集』岩波文庫、一六〇頁。

（7）H. Whistler, 'Voyage to the West Indies,' 1654; W. Berkeley, *A Discourse and View of Virginia*, 1662, both cited in D. W. Galenson, *White Servitude in Colonial America: An economic analysis*, 1981.

（8） E. F. Heckscher, *Mercantilism*, vol. II, 1955, pp. 158–159.

（9） Ned Ward, *The London Spy* (written in 1703), 1927, pp. 45–46.

（10） M. W. Jernegan, *Laboring and Dependent Classes in Colonial America 1607–1783*, 1931, pp. 45–46.

（11） A. E. Smith, *Colonists in Bondage: White Servitude and Convict Labor in America 1607–1776*, (1947) 1971.

（12） W. Notestein, *The English People on the Eve of Colonization*, 1954; C. Bridenbaugh, *Vexed and Troubled Englishmen 1590–1642*, 1968; A. L. Beier, *Masterless Men: The Vagrancy Problem in England 1560–1640*, 1985.

（13） Campbell, *op. cit.*, p. 71.（邦訳、一二五頁）など。

（14） M. Campbell, 'English Emigration on the Eve of the American Revolution', *A.H.R.*, vol. LXI, 1955, pp. 1–20.

（15） 主要な議論は、つぎの箇所でなされている。D. W. Galenson, '"Middling People or Common Sort"?: The Social Origins of Some Early Americans Reexamined', *William and Mary Quarterly*, 3rd ser., vol. 35, 1978, pp. 499–524; id., 'The Social Origins of Some Early

Americans: Rejoinder', *William and Mary Quarterly*, 3rd ser., vol. 36, 1979, pp. 264–277. その拡大版として，上掲の id., *White Servitude in Colonial America: An economic analysis*, 1981, esp., pp. 23–64.

(16) *ibid.*, p. 52 et passim.

(17) *ibid.*, pp. 71–72.

(18) cf. P.R.O., T. 47–9, pt. 1.

(19) 職業記載なしのグループは，たまたま「職業欄」のない用紙を手渡された人びとだとする説は，キャンベルがはじめから採っていたものだが，なお，この説の有効性を主張しているところもある。Campbell, *op. cit.* (Social Origins), p. 71, n. 17.

(20) Galenson, *op. cit.* (*White Servitude*), p. 49.

(21) M. Campbell, in *William and Mary Quarterly*, 3rd ser., vol. 36, 1979, pp. 277 ff.

(22) G. S. Holms, 'Gregory King and the Social Structure of Pre-Industrial England', *T.R.H.S.*, 5th ser., vol. 27, 1977, p. 51.

(23) 'The LCC Burns Journal', reproduced in *The Earliest Classics by J. Graunt and G. King*, composed c. 1695–1700, 1973.

(24) *Transcript of Three Registers*（序章注14参照）。他の地域についてこの時期の史料がまとまって残っている様子はない。

(25) anon., *A General Description of All Trades Digested in Alphabetical Order*, 1747; R. Campbell, *The London Tradesman* (1747), 1969.

(26) P. Clark, 'Migration in England during the Late Seventeenth and Early Eighteenth Centuries', *Past & Present*, no. 83, 1979, pp. 57–90 (reproduced in P. Clark and D. Souden, eds., *Migration and Society in Early Modern England*, 1987).

(27) D. Souden, '"Rougues, whores and vagabonds"?: Indentured servant emigrants', *Social History*, vol. 3, 1978, pp. 23–41 (reproduced in P. Clark and D. Souden, eds., *Migration and Society in Early Modern England*, 1987).

(28) D. V. Glass, 'Socio-economic Status and Occupations in the City of London at the End of the Seventeenth Century', in A. E. J. Hollander and W. Kellaway, eds., *Studies in London History*, 1969, p. 387.

(29) J. Patten, Rural-Urban Migration in Pre-Industrial England [School of Geography, University of Oxford, Research Paper 6, 1973, p. 10].

(30) J. Waring, 'Migration to London and Transatlantic Emigration of Indentured Servants, 1683–1775', *Journal of Hist. Geography*, vol. 7, no. 4, 1981, p. 377; cf. S. Nicholas and P. R. Shergold, 'Internal Migration in England 1818–1839', *Journal of Hist. Geography*, vol. 13, no. 2, 1987, pp. 155–168.

(31) D. C. Cannadine & D. Reeder, eds., *Exploring the Urban Past: Essays in urban history by H. J. Dyos*, 1982, p. 144.

II

(1) E. Chamberlayne, *Angliae Notitia or the Present State of England*, 1669, p. 513; G. Miege, *The Present State of Great Britain*, in *Aristocratic Government and Society in Eighteenth-Century England*, edited by D. A. Baugh, 1974, p. 52.

(2) *ibid.*

(3) H. Krausman Ben Amos, 'Service and the Comming of Age of Young Men in Seventeenth-Century England', *Continuity & Change*, vol. 3, pt. 1, pp. 59 & 44-45.

(4) cf. anon., *The Laws Relating to Masters and Servants: With Brief Notes and Explanations*, 1755.

(5) A. Kussmaul, *Servants in husbandry in early modern England*, 1981, p. 3.

(6) P. Laslett, *Family life and illicit love in earlier generations*, 1977, p. 34, table 1. 7.

(7) J. Godber, *History of Bedfordshire*, (1969) 1984, p. 459.

(8) Kussmaul, *op. cit.*, p. 19.

(9) cf. J. Hajnal, 'Two kinds of pre-industrial household formation system', in R. Wall, J.

Robin and P. Laslett, eds., *Family Forms in Historic Europe*, 1983, esp. p. 96; id., 'European Marriage Patterns in Perspective', in D. V. Glass & D. E. C. Eversley, eds., *Population in History*, 1963, pp. 101–143.

(10) R. Wall, 'Real property, marriage and children: the evidence from four pre-industrial communities', in R. M. Smith, ed., *Land, Kinship and Life-cycle*, 1984, pp. 443–480; cf. L. Bonfield et al., eds., *The World We Have Gained*, 1986, chapter 6.

(11) D. Levine, 'The Demographic implications of rural industrialization: a family reconstitution study of Shephed, Leicestershire, 1600–1850', *Social History*, vol. 2, 1976, pp. 191–192.

(12) Chales Varley, *The Unfortunate Husbandman*, edited by D. Clarke, no date, p. 50.

(13) cf. P. Laslett, *op. cit.* (*Family life*), p. 207.

(14) K. D. M. Snell, *Annals of the Labouring Poor*, 1985, p. 329; cf. R. Wall, 'The Age at Leaving Home', *Journal of Family History*, vol. 3, 1978, pp. 181–202.

(15) Snell, *op. cit.*, p. 321.

(16) 椎名重明「近代イギリスの家族と世帯」『家族史研究』5、大月書店、一九八二年、五四頁。

(17) P. Hoon, *William Marshall (1745–1818) and the Georgian Countryside*, 1982, p. 3.

(18) cf. P. Spufford, 'Population Mobility in Pre-Industrial England', Pt. 1, *Genealogists' Magazine*, vol. 17, no. 8, 1973, pp. 423–424.

(19) B. A. Holderness, 'Personal Mobility in Some Rural Parishes of Yorkshire, 1777–1822', *Yorkshire Archaeological Journal*, vol. XLII, 1971, p. 448.

(20) J. J. Hecht, *The Domestic Servant in Eighteenth-Century England*, (1956) 1980; D. Marshall, 'The domestic Servants of the Eighteenth Century', *Economica*, IX, 1929; V. Simpson, 'Servant and Service in Eighteenth Century, Town and Country', *Cornhill Magazine*, vol. 14, 1903, pp. 398 ff. 当時の一般的な雑誌類にも、彼らの管理にかんする記事はきわめて多い。ex. *Gentleman's Magazine*, 1786, p. 1023 f. & 1787, pp. 127 f.

(21) たとえば、つぎの作品は、直接徒弟を対象としているわけではないが、その消長について有益な知識を与えてくれる。坂巻清『イギリス・ギルド崩壊史の研究——都市史の底流』有斐閣、一九八七年。

(22) Kussmaul, *op. cit.*; Snell, *op. cit.* 前者の紹介として、湯村武人『十六—十九世紀の英仏農村における農業年雇の研究』九州大学出版会、一九八四年、五八頁以下参照。

(23) D. Vincent, *Bread, Knowledge & Freedom: A Study of Nineteenth-Century Working Class Autobiography*, 1981, p. 73.

(24) R. S. Schofield, 'Age-Specific Mobility in an Eighteenth-Century Rural English Par-

ish', *Annales de demographie historique*, 1970, pp. 261–274, reproduced in P. Clark and D. Souden, eds., *Migration & Society in Early Modern England*, 1987, pp. 253–266.

(25) *ibid.*

(26) R. Samuel, ed., *Village Life and Labour* [History Workshop Series], 1975, p. 97.

(27) *The Diary of Abigail Gawthern of Nottingham 1751–1810*, 1980 [Thornton Soc. XXXIII], p. 38. また，家事使用人の研究としては，上掲注20のJ. J. HechtやD. Marshallのもののほか，Hecht, *Continental and Colonial Servants in Eighteenth Century England*, 1954; D. Marshall, *The English Domestic Servant in History*, (1948) 1969. ちなみに，一七七二年の有名なサマセット判決で，「自由身分」が確認された黒人サーヴァントが一万四，五千人在英したといわれるが，そのほとんども，こうした「家内サーヴァント」，つまり家事使用人であっただろう。

(28) R. Gough, *The History of Myddle*, written in 1700–1706, edited by P. Razzell, 1979.

(29) Hassel Smih, 'Labourers in late sixteenth-century England a case study from north Norfolk [Part 1]', *Continuity and Change*, vol. 4, Pt. 1, 1989, pp. 15–16.

(30) M. K. McIntosh, 'Servants and the household unit in an Elizabethan English county', *Jour. of Family Hist.*, vol. 9, 1984, p. 12. およびC. W. Chalklin, *Seventeenth Century Kent*, 1965, p. 248.

(31) Kussmaul, *op. cit.*, pp. 19–20.

(32) A. L. Beier, *Masterless Men*, 1985, pp. 23–24.

(33) W. Marshall, *The Minutes of Agriculture*, 1778. extraction in P. Horn, ed., *William Marshall [1745–1818] and the Georgian Countryside*, 1982, p. 60.

(34) Snell, *op. cit.*, 70.

(35) *Journal of the Royal Agricultural Society of England*, vol. X, 1849, pp. 379–381.

(36) Snell, *op. cit.*, p. 76, chart 2–3.

(37) R. G. Glover, 'Observations on the state of pauperism', cited *ibid.*, pp. 70–71.

(38) A. Young, *General View of the Agriculture of the County Norfolk*, 1804, p. 484.

(39) Snell, *op. cit.*, pp. 321–322.

(40) P. Laslett, *Family life and illicit love in earlier generations*, 1977, p. 177; Kussmaul, *op. cit.*, p. 55; cf. *The Diary of A County Parson, J. Woodforde*, edited by J. Beresford, 5 vols., 1981.

(41) *The Diary of A County Parson, J. Woodforde*, vol. IV, p. 317.

(42) C. Varley [or Varlo], *Unfortunate Husbandman*, edited by D. Clarke, 1964, pp. 44–52; Salerno, 'The Social Background of the Seventeenth-Century Emigration to America', *Jour. of British Studies*, 1979, pp. 50–51. 後者(サレルノ)の論文は，示唆に富んでいる。

(43) G. E. & K. R. Fussell, *The English Countryman*, 1955 (1981), p. 109.
(44) J. Godber, *History of Bedfordshire*, (1969) 1984, p. 459.
(45) *Banbury: A History*, 1984 [an abstract from VHC, Oxford, vol. X], p. 59.
(46) cf. K. T. Meaby, ed., *Nottinghamshire: Extracts from the County Records of the Eighteenth Century*, no date, p. 21.
(47) J. Hutchins, *The History and Antiquities of the County of Dorset*, 4 vols., 1861-70, reprinted in 1973 (First ed., 2 vols, 1774).
(48) Woodforde, *op. cit.* (*The Diary of A County Parson*), vol. III, p. 303 (Oct. 3, 1791).
(49) W. Marshall, *Rural Economy of the Midland Counties*, vol. 2, 1796, p. 247.
(50) Samuel, *op. cit.*, p. 97.
(51) *The Diary of Sylas Neville, 1767-1788*, 1950, ed. by B. Cozens-Hardy, pp. 79-80.
(52) *The Minute of Agriculture*, 10th Oct., 1774.
(53) *Nottinghamshire*, p. 233.
(54) *Publications of Bedfordshire Historical Record Soc.*, xl, pp. 101-102.
(55) Samuel, *op. cit.*, pp. 97-98.
(56) 後出，第Ⅳ章注93参照。
(57) G. J. Chester, *Statute Fairs: Their Evils and their Remedy*, 1856, pp. 5-9.

(58) N. Stephenson, 'On the Statute Fairs: Their Evils and Remedy', *Transactions of National Association for the Promotin of Socil Sciene* (1858), 1859.

(59) *ibid.*, p. 628.

(60) *ibid.*, pp. 625 & 629.

(61) W. Marshall, *Rural Economy of the West of England*, vol. 1, 1796, p. 109.

(62) P. Edwards, *The Horse Trade and Stuart England*, 1988, pp. 60–70.

(63) Wm Owen, *An authentic account published by the King's authority of all the fairs in England and Wales* . . . , 1756; *Owen's New Book of Fairs*, 1783; *Owen's New Book of Fairs, to be held in England, Wales, Scotland and Ireland for the Years 1859–60 corrected to the present time By John Donaldson*, 1859.

(64) P. Laslett, *Family life and illicit love in earlier generations*, 1977, p. 177.

(65) Woodforde, *op. cit.*; cf. Kussmaul, *op. cit.*, p. 55.

(66) A. L. Beier, *Masterless Men: The Vagrancy Problem in England 1560–1640*, 1985, p. 24.

(67) *ibid.*, pp. 24–25.

(68) *ibid.*, p. 24.

(69) R. Gough, *op. cit.*, p. 108.

Ⅲ

（1）*Nottinghamshire: Extracts from the county records of the eighteenth century*, edited by K. T. Meaby, no date, pp. 353–361.

（2）A. E. Smith, *Colonists in Bodage*, 1971, pp. 123–124.

（3）S. Nicholas, ed., *Convict Workers: Reinterpreting Australia's Past*, 1988, p. 31.「最初の一団」は、一七八七年五月にポーツマスを出航した囚人七七八名。

（4）A. R. Ekirch, *Bound for America: The Transportation of British Convicts to the Colonies, 1718–1775*, 1987, p. 51.

（5）D. Hay, 'War, Dearth and Theft in the Eighteenth Century: The Records of English Courts', *Past and Present*, no. 95, 1982, p. 118.

（6）W. Blackstone, *Commentaries on the Laws of England*, 4 vols, 1765–69.

（7）L. Radzinowicz, *A History of English Criminal Law and Its Administration from 1750*, vol. 1, 1948, pp. 3–5.

（8）*ibid.*, p. 147 より作図。

（9）この比率は一九世紀末には、いっそう高くなる。

（10）当時の裁判では、本人の「善良な性格」を証言してくれる人の有無が減刑の決め手であっただけに、首都圏に比べると、共同体的なつながりの残っている地方では、もっと減刑率が高かったと思われる。J. M. Beattie, 'Crime and Courts in Surrey, 1736–1753', in J. S. Cockburn, ed., *Crime in England, 1550–1800*, 1977, pp. 181 & 185.

(11) cf. J. H. Baker, 'Criminal Courts and Procedure at Common Law 1550–1800', *ibid.*, p. 41. なお、「聖職者特権」の歴史的変遷についての簡潔で要領をえた解説は、上掲の史料集、*Nottinghamshire*, pp. 157–158 にある。

(12) *Annual Register*, 1770, p. 95.

(13) *Annual Register*, 1762, pp. 67 & 81.

(14) *Annual Register*, 1762, p. 116.

(15) *A Foreign View of England in the Reigns of George I & George II: The Letters of Monsieur César de Saussure to His Family*, trans. and ed. by M. van Muyden, 1902, p. 123.

(16) D. Hay, 'Property, Authority and the Criminal Law', in D. Hay, P. Linebaugh, et al., *Albion's Fatal Tree: Crime and Society in Eighteenth-Century England*, 1975, p. 52.

(17) J. H. Langbein, 'Albion's Fatal Flaws', *Past and Present*, no. 98, 1983, pp. 96–120.

(18) Pickering, ed., *Statutes at Large*, XIII, pp. 471–474. 簡単には、D. C. Douglous, ed., *English Historical Documents*, IX, pp. 460 ff. ただしこの史料集には、法令成立年代にミスがある。

(19)　社会的に問題のある若者を植民地に送って処理しようとする試みは、一五・六世紀のスペイン・ポルトガル・フランスあたりに始まったと思われる。イギリスでは、ハクルートの「西方植民論」(第Ⅰ章注3参照)や一五九八年の「浮浪者取締り法 Vagrancy Act」あたりが、嚆矢であろう。一七一八年の「囚人移送法」に至る初期の歴史については、A. G. L. Shaw, *Convicts and Colonies: A Study of Penal Transportation from Great Britain and Ireland to Australia and other Parts of the British Empire*, 1966, pp. 21-25.

(20)　P. Spierenburg, 'Model Prisons, Domesticated Elites and the State: The Dutch Republic and Europe', G. Rystad, ed., *Europe and Scandinavia: Aspects of the Process of Integration in the 17th Century*, 1983, pp. 219-225; id., 'From Amsterdam to Auburn: An Explanation for the Rise of the Prison in Seventeenth-Century Holland and Nineteenth-Century America', *Journ. of Soc. Hist.*, vol. 20, no. 3, pp. 439-456.

(21)　Wm Eddith, ed., *Letters from America: Historical and Descriptive*, 1792, p. 67.

(22)　Ekirch, *op. cit.*, pp. 23-27.

(23)　M. & J. Kaminkow, eds., *Original Lists of Emigrants in Bondage from London to the American Colonies 1719-1744*, 1981.

(24)　*ibid.*, p. 61; id., 'The Transportation of Scottish Criminals to America during the Eighteenth Century', *Journ. of British Studies*, vol. 24, 1985, p. 369.

(25) P.R.O., T. 47/10, Pt. 1.

(26) U. R. Henriques, *Before the Welfare State: Social Administration in Early Industrial Britain*, 1979, pp. 12 ff.

(27) J. M. Beattie, 'Crime and the Courts in Surrey, 1736–1753', in J. S. Cockburn, ed., *Crime in England, 1550–1800*, 1977; id., 'The Pattern of Crime in England 1600–1800', *Past and Present*, no. 62, 1974, pp. 47–95; D. Hay, 'War, Dearth and Theft in the Eighteenth Century: The Records of English Courts', *Past and Present*, no. 95. ビーティーは、のちにその大著において、対人犯罪のデータをも詳しく扱っているが、ここではとりあげない。J. M. Beattie, *Crime and the Courts in England 1660–1800*, 1986.

(28) cf. L. Weatherill, *The Pottery Trade and North Staffordshire 1600–1760*, 1971, p. 146 et passim; C. K. Hyde, *Technological Change and the British Iron Industry, 1700–1800*, 1977, p. 12 et passim.

(29) J. M. Beattie, *op. cit.* ('The Pattern of Crime'), pp. 90–91.

(30) *The Letters of Daniel Eaton to the Third Earl of Cardigan, 1725–1732* [Nottinghamshire Rec. Soc.], 1977, p. 101: John Salusbery (sic.) of Leighton Buzzard, reproduced in *Publications of Bedfordshire Hist. Rec. Soc.*, xl, 1959, p. 48.

(31) D. Hay, *op. cit.* ('War, Dearth and Theft'), p. 125.

(32)　A. Young, *Autobiography*, 1898, pp. 470-471.
(33)　*Annual Register*, 1776, p. 38.
(34)　*Gentleman's Magazine*, 1757, p. 43.
(35)　*Gentleman's Magazine*, 1758, p. 240.
(36)　D. A. Baugh, *British Naval Administration in the Age of Walpole*, 1965, pp. 262-264.
(37)　L. Neal, 'Interpreting Power and Profit in Economic History: A Case Study of the Seven Years War', *Journ. of Econ. Hist.*, XXXVII, 1977, p. 23.
(38)　D. C. Coleman, 'Naval Dockyards under the Later Stuarts', *Econ. Hist. Rev.*, 2nd ser., IV, 1953-54, pp. 141-142; 一八世紀の王立海軍造船所については，Ph. MacDougall, *Royal Dockyards*, 1982, chap. 7; cf. R. N. Worth, *History of Plymouth*, 1890, p. 138.
(39)　D. A. Baugh, *op. cit.*, p. 264.
(40)　Ch. Lloyd, *The British Seaman 1200-1860*, 1968, pp. 123, 286-289.
(41)　*Annual Register*, 1762, p. 71.
(42)　イギリスが重商主義戦争を遂行するにあたっては，オランダの資金と外国人雇兵がクリティカルな役割を果たした，とニールは主張している。Neal, *op. cit.*, p. 27 et passim.
(43)　cf. A. D. Gayer, W. W. Rostow and A. J. Schwartz, *The Growth and Fluctuation of the British Economy, 1790-1850*, 1975, pp. 136-137, esp., note 4 on p. 136.

(44) 出・入国管理とパスポートの起源をさぐっている途中で、偶然出くわした一例にすぎないが、*Calendar S. P. D.*, 1591, p. 132.

(45) 食料を含む軍事物資の輸送からくる労働需要は、非常に大きかったといわれているが、具体的なデータはない。ただし、船員の賃金の上昇については、後述する。

(46) *Gentleman's Magazine*, 1763, pp. 16–17; *ibid.*, pp. 119–120.

(47) (Civicus), 'An Essay towards establishing some undertakings, for the employment of Soldiers and Seamen, who will be discharged on the approaching Peace', *Gentleman's Magazine*, 1748, pp. 293 ff.

(48) Lord Mayor's Waiting Book, vol. 13 (Corporation of London Record Office). ほかに、二七歳でヴァージニアに行ったロジャー・グラースブルックなどがいる。

(49) cf. *Gentleman's Magazine*, 1749, pp. 112–113, 138 et passim.

(50) *House of Commons Journal*, xxvi, p. 27.

(51) *Annual Register*, 1762, p. 111.

(52) *Annual Register*, 1763, p. 59.

(53) F. Lewis, 'The cost of convicts transportation from Britain to Australia, 1796–1810', *Econ. Hist. Rev.*,(2), XLI, no. 4, 1988, p. 522.

Ⅳ

（1）*Boswell's London Journal, 1762-1763* (Penguin Books), 1966, p. 101.（秋山平吾訳、九八―九九頁）

（2）拙稿「穀物・キャラコ・資金の国際移動」『世界史への問い』第三巻、岩波書店、一九九〇年、参照。

（3）G. E. Manwaring & Bonamy Dobrée, *Mutiny: The Floating Republic* (1935), 1987.

（4）J. S. Bromley, ed., *The Manning of the Royal Navy: Selected Public Pamphlets 1693-1873*, 1974.

（5）*Cobbett's Parliamentary History of England*, vol. XI, columns 415-427.

（6）J. S. Bromley, ed., *op. cit.* (*The Manning of the Royal Navy*), p. vii.

（7）*Cobbett's Parliamentary History of England*, vol. XI, columns 428-429.

（8）J. S. Bromley, ed., *op. cit.* (*The Manning of the Royal Navy*), p. 105; cf. N. A. M. Rodger, 'Stragglers and Deserters from the Royal Navy During the Seven Years' War', *B.I.H.R.*, vol. LVII, no. 135, 1984, pp. 168-188.

（9）*Gentleman's Magazine*, 1757, pp. 42-43.

（10）S. Gradish, *The Manning of the British Navy during the Seven Years' War* (Publication of the Royal Historical Society), 1980, pp. 32-43, 216 and 111.

(11) D. A. Baugh, *op. cit.*, 1965, p. 186.

(12) N. A. M. Rodger, *The Wooden World: An Anatomy of the Georgian Navy*, (1986) 1988, app. IV.

(13) L. Neal, 'Interpreting Power and Profit in Economic History: A Case Study of the Seven Years' War', *Jour. of Econ. Hist.*, vol. XXXVII, 1977, pp. 22 and 27.

(14) *Annual Register*, 1776, p. 38.

(15) Gradish, *op. cit.*, p. 75.

(16) *Gentleman's Magazine*, 1755, p. 135.

(17) *Annual Register*, 1770, p. 163.

(18) D・デフォー、山下幸夫・天川潤次郎訳『イギリス経済の構図』東京大学出版会、一九七五年、九五―九六頁。

(19) *Gentleman's Magazine*, 1762, pp. 53-54.

(20) P.R.O., Adm. 1/902.

(21) Gradish, *op. cit.*, p. 65.

(22) *Gentleman's Magazine*, 1756, pp. 175-176.

(23) *ibid.*, p. 66.

（24）Gradish, *op. cit.*, p. 216.

（25）*ibid.*, p. 70.

（26）N. A. M. Rodger, *op. cit.*, app. 1.

（27）M. Lewis, *A Social History of the Navy, 1793–1815*, 1960, pp. 90–101.

（28）ロジャーの調査では、七年戦争中の五隻の戦艦の乗員について、強制徴募された者は一五％だという。これに対して、五五・六％は志願兵であり、二五・九％は「乗り換え《ターン・オーヴァー》」組だという。N. A. M. Rodger, *op. cit.*, app. III.「乗り換え」のシステムについては、*ibid.*, p. 120.

（29）C. Varley, *The Unfortunate Husbandman*, 1964, p. 47.

（30）*The Oxford Journal*, 26 April, 1755, in *News from the English Countryside, 1750–1850*, edited by C. Morsley, 1979, p. 28.

（31）ヒューム、小松茂夫訳『市民の国について』(上)、岩波文庫、四二頁。

（32）*The Newcastle Chronicle*, 14 Nov., 1779, in *News from the English Countryside, 1750–1850*, edited by C. Morsley, 1979, p. 92.

（33）J. S. Bromley, 'Away from Impressment: The Idea of a Royal Naval Reserve, 1696–1859', in A. C. Duke and C. A. Tamse, eds., *Britain and The Netherlands*, VI, 1977, p. 169.

（34） C. Morsley, ed., *News from the English Countryside 1750–1850*, 1979, p. 31.
（35） W. J. Fletcher, *The Nineteenth Century and After*, vol. L, no. 297, 1901, p. 765.
（36） *Annual Register*, 1770, Chronicle, p. 149.
（37） J. R. Hutchinson, *The Press Gang: Afloat and Ashore*, 1913, pp. 221–222.
（38） J. J. Sheahan, *General and Concise Histrory and Description of the Town and Port of Kingston upon Hull*, 1864, pp. 148–150.
（39） 5 Elizabeth c. 5: 2 George III, c. 16.
（40） D. A. Baugh, *op.cit.*, 1965, pp. 150 ff. なお，志願兵のリクルートもほぼ同様の手続きでなされ，強制徴募の「ランデヴー」が，そのまま募集センターになった。
（41） J. Latimer, *The Annales of Bristol in the Eighteenth Century*, vol. 2,（1893）1970, p. 168.
（42） *ibid.*, pp. 314, 322 et passim.
（43） R. Brooke, *Liverpool As It Was during the Last Quater of the Eighteenth Century, 1775–1800*, 1853, pp. 298, 266 et passim.
（44） J. A. Picton, *Memorials of Liverpool*, vol. 1, 1873, pp. 243 ff.
（45） P.R.O., P.C. 2/95.
（46） D. A. Baugh, *op. cit.*, pp. 161–62.

(47) cf. Bromley, *op. cit.* ('Away from Impressment'), p. 172; J. Mackenzie, *Considerations on the Impress Service*, Bromley, ed., *op. cit.* (*The Manning of the Royal Navy*), p. 125 ff.

(48) Second Report from the Committee . . . of the Present High Prices of Provisions, p. 7. in *Parliamentary Papers*, 1801, II.

(49) J. Mackenzie, *op. cit.*, p. 125.

(50) *House of Commons: Sessional Papers*, vol. 95, no. 4492, 4493.

(51) *North Riding Naval Recruits: The Quota Acts and the Quota Men, 1795–1797*, North Yorkshire County Rec. Office. Publications, no. 18, Document 9, edited by C. Emsley, 1978, p. 9.（以下，*North Riding Naval Recruits* とする）

(52) *The York Chronicle*, 8 & 10 March, 1795 (*ibid.*, p. 30).

(53) F. W. Brooks, 'Naval Recruiting in Lindsey, 1795–97', *Eng. Hist. Rev.*, vol. 43, 1928, p. 234.

(54) 37 Geo. III, c. 4 & c. 5. 関連法案がつぎにある。cf. *House of Commons: Sessional Papers*, vol. 103, no. 4690.

(55) *The York Chronicle*, 30 April, 1795.

(56) *North Riding Naval Recruits*, pp. 16–17.

(57) C. Gill, *The Naval Mutinies of 1797*, 1913, pp. 315–316; cf. M. Lewis, *A Social History*

of the Navy 1793–1815, 1960, pp. 118–126.

(58) F. W. Brooks, *op. cit.*, p. 239.

(59) N. A. M. Rodger, *The Wooden World: An Anatomy of the Gergian Navy*, (1986) 1988, pp. 344, 346.

(60) *North Riding Naval Recruits*, pp. 77 ff.

(61) reproduced in F. W. Brooks, *op. cit.* ('Naval Recruiting'), p. 239.

(62) G. E. Manwaring & Bonamy Dobrée, *Mutiny: The Floating Republic* (1935), 1987.

(63) W. L. Clowes, *The Royal Navy: A History from the Earliest Times to the Present*, vol. III, 1898, pp. 167 ff.

(64) A. Temple Patterson, *The Naval Mutiny at Spithead 1797*, The Portsmouth Papers, 5, 1968, pp. 4–6.

(65) E. P. Thompson, *The Making of the English Working Class*, 1965, pp. 148, 167 et passim; cf. Ch. Lloyd, *The British Seaman, 1200–1868: A Social Servey*, 1968, pp. 200–202.

(66) N. A. M. Rodger, *op. cit.* (*The Wooden World*), pp. 360–363.

(67) K. D. M. Snell & J. Miller, 'Lone-Parent Families and the Welfare State: Past and Present', *Continuity & Change*, vol. 2, no. 3, pp. 392–393.

(68) Laslett, *op. cit.* (*Family life and illicit love*), p. 166.

(69) もっとも信頼できる伝記は、R. K. McClure, *Coram's Children: The London Foundling Hospital in the Eighteenth Century*, 1981; J. S. Taylor, *Jonas Hanway, Founder of the Marine Society: Charity and Policy in Eighteenth-Century Britain*, 1985.

(70) 以下に利用した、本人の著作は次のとおりである。

ジョナス・ハンウェイの関連小冊子(以下、この番号で引用する)。

1) *A Journal of Eight Days Journey from Portsmouth to Kingston upon Thames: through Southampton, Wiltshire etc.* . . . , 2 vols, 1757.

2) *Three Letters on the Subject of the Marine Society*, 1758. (1st letter, 1757; 2nd and 3rd letters, 1758).

3) *An Account of the Marine Society, recommending the Piety of Institution, and pointing out the Advantages accuring to the Nation* . . . , 1759.

4) *A Candid Historical Account of the Hospital for the Reception of Exposed and Deserted Young Children* . . . , 1760.

5) *Genuine Sentiments of an English Country Gentleman upon the Present Plan of the Foundling Hospital in relation to the Danger of bringing Children to London, of establishing more Receiving Hospitals in the Country* . . . , no date.

6) *Serious Considerations on the Salutary Design of the Act of Parliament for a regu-*

lar, uniform Register of the Parish Poor in all the Parishes within Bills of Mortality, 1762.

(71) J. Hanway, list no. 4.

(72) J. Hanway, list no. 4, p. 18.

(73) J. Hanway, list no. 4, pp. 65 ff.

(74) J. Hanway, list no. 6, pp. 17-18; no. 1, pp. 52 & 65.

(75) 「重商主義的博愛」については、邦語のものとしては、かなり古風だが、つぎの文献が言及している。高島進『イギリス社会福祉発達史論』ミネルヴァ書房、一九七九年、第二章。同じ概念を「キリスト教的重商主義」として紹介しているのは、J. S. Taylor, *op. cit.*, p. 60.

(76) A. Wilson, 'Illegitimacy and its implications in mid-eighteenth century London: the evidence of the Foundling Hospital', *Continuity and Change*, vol. 4, Pt. 1, 1989, p. 105. ここからさらに展開したヴィクトリア朝の「レスペクタブルな捨て子」(「善良な捨て子」)という概念については、B. Weisbrod, 'How to become a good foundling in early Victorian London', *Social History*, vol. 10, no. 2, 1985, pp. 193-209.

(77) J. Hanway, list no. 4, p. 58.

(78) R. K. McClure, *op. cit.*, pp. 11 ff.

(79)　Laslett, *The World We Have Lost*, 1985, ch. 7.（川北稔・指昭博・山本正訳『われら失いし世界』三嶺書房、一九八六年、第七章）

(80)　J. Hanway, list no. 3, p. 58 & list no. 2, p. 8.

(81)　J. S. Taylor, *op. cit.*, p. 70.

(82)　J. Hanway, list no. 1, Letter VII, p. 54.

(83)　J. Hanway, list no. 3, pp. 10–11.

(84)　D. C. Coleman, 'Labour in the English Economy of the Seventeenth Century', *Econ. Hist. Rev.*, 2nd ser., vol. VIII, 1956, p. 291.

(85)　論争史の解説としては cf. D. V. Glass, *Numbering the People: The Eighteenth-Century Population Controversy and the Development of Census* . . . , 1973. 包括的な史料集としては、D. V. Glass, ed., *Population Controversy*, 1973. 関連のパンフレットが、ページだてもそのままで再録されている。

(86)　W. Brakenridge, in *Philosophical Transactions of the Roy. Soc.*, vol. 48–2, pp. 795–797.

(87)　J. Hanway, list no. 4, p. 65.

(88)　*Ph. T. R. S.*, vol. 48–2, p. 798; vol. 49–1, 2, p. 886.

(89)　R. Price, *An Essay on the Population of England* . . . , 2nd ed., 1780, p. 29.

(90)　R. Price, *Observations on Reversionary Payments* . . . , 3rd ed., 1773, p. 372.

(91) J. Hanway, list no. 6, p. 17.
(92) *A Memoir of Robert Blincoe, An Orphan Boy . . .*, 1832.
(93) 森本真美「一九世紀中葉期イギリスにおける少年犯罪者問題——「感化」のシステムの成立」(未刊行修士論文・大阪大学)による。

V

(1) A. E. Smith, *op. cit.*, p. 39.
(2) *The London Gazette*, 8831. 全訳文をこの節の末尾に収録しておいた。
(3) H. I. Cowen, *British Emigration to British North America 1783–1837*, 1928, pp. 4–5.
(4) *Gentleman's Magazine*, 1749, pp. 112 ff.
(5) 上注2参照。
(6) *Gentleman's Magazine*, 1749, pp. 112–115.
(7) *Gentleman's Magazine*, 1749, p. 138.
(8) *Gentleman's Magazine*, 1749, p. 185.
(9) *Gentleman's Magazine*, 1749, p. 235.
(10) *Gentleman's Magazine*, 1749, pp. 408 ff. & pp. 472 ff.
(11) 移民船の改革は、奴隷貿易の廃止や刑務所改革とならぶ、一八世紀末以来の社会改革の目標のひとつであった。

(12) *Gentleman's Magazine*, 1749, pp. 472 ff.

(13) *Gentleman's Magazine*, 1763, pp. 16–17.

(14) *Gentleman's Magazine*, 1763, pp. 119 ff.

(15) Canadian Archives, N.S.A., XXXIV, 202–205 (H. A. Innis, ed., *Select Documents in Canadian Economic History, 1497–1783*, 1929, pp. 172–173).

(16) John Wilson, *A Genuine Narrative*, no date, pp. 10–11 (*ibid*., p. 173).

(17) この集団に最初に注目したのは、キャンベルである。M. Campbell, 'English Emigration on the Eve of the American Revolution', *A.H.R.*, vol. 61, 1955, pp. 1–20. ただし、そこでも特有の「中産階級」理論の匂いがつよくて、分析はやや客観性を欠いている。

(18) 5 George III, c. 93.

(19) cf. Innis, ed., *op. cit*., p. 183; Thomas B. Akins, ed., *Selections, from the Public Documents of Province of Nova Scotia*, 1869, p. 670.

(20) Innis, *op. cit*., pp. 176–177.

(21) cf. A. J. Christopher, *The British Empire at its Zenith*, 1988, p. 40.

(22) P.R.O., T. 47～12.

(23) H. Hamilton, *An Economic History of Scotland in the Eighteenth Century*, 1963, app.

II.

(24) 新井嘉之作「スコットランド先進地域における農業近代化の一段階」『社会経済史学』四四巻二号、一九七八年参照。

(25) R. J, Dickson, *Ulster Emigration to Colonial America 1718–1775*, 1966; cf. T. M. Devine, 'Highland Migration to Lowland Scotland 1760–1860', *Scottish Historical Review*, LXII–2, 1984, p. 138. また、cf. N. C. Landsman, *Scotland and Its First American Colony 1683–1765*, 1985.

(26) J. M. Bumsted, *The People's Clearance: Highland Emigration to British North America 1770–1815*, 1982. それでも、農業革命と移民流失の関係はなお論争の焦点になっている。cf. E. Richards, *A History of the Highland Clearances, vol. 2: Emigration, Protest, Reasons*, 1985, pp. 179 ff.

(27) Richards, *op. cit.*, pp. 184–185.

(28) 一七六三年から七五年までで、スコットランドからの北米移民は、二万数千人に達したようである。J. M. Bumsted, *op. cit.*, p. 229.

(29) A. H. Dodd, *The Character of Early Welsh Emigration to the United States*, 1953.

(30) G. A. Williams, *Madoc: The Making of a Myth*, 1979; id., 'Welsh Indians: the Madoc Myth and the First Welsh Radicalism', *History Workshop*, 1, 1976; id., 'John Evans's Mis-

sion to the Madgwys, 1792-1799', *Bulletine of the Board of Celtic Studies*, vol. XXVII, 1978.

(31)　一八世紀のアイルランド人のアメリカ観については、とりあえずD. N. Doyle, *Ireland, Irishmen and Revolutionary America, 1760-1820*, 1981.

(32)　anon., *A Candid Enquiry into the Causes of the Late and Intended Migrations From Scotland in a LETTER To J . . . R . . . Esq. Lanarkshire*, 1771.

(33)　いわば「内なる植民地構造」の問題であるケルト辺境については、このような観点からヘクター理論の展開を試みる仕事が、残っているというべきであろう。cf. M. Hechter, *Internal Colonialism: The Celtic fringe in British national development, 1536-1966*, 1975.

おわりに

(1)　拙著『工業化の歴史的前提――帝国とジェントルマン』岩波書店、一九八三年、第七章。なお、タンネンバウム・エルキンズ論争については、かんたんには、次をみよ。L. Forner and E. D. Genovese, eds., *Slavery in the New World: A Reader in Comparative History*, 1969.

(2)　この分野のもっとも包括的な研究としては、cf. Kay Saunders, ed., *Indentured*

Labour in the British Empire 1834-1920, 1984. また、簡単にはE・ウィリアムズ、拙訳『コロンブスからカストロまでⅡ——カリブ海域史 1492-1969』(岩波書店、一九七八年)、八九頁以下参照。

(3) 関連の英語文献はあまりにも膨大な数にのぼるので、省略するが、当面、文献案内としては、J. P. Greene and J. R. Pole, eds., *Colonial British America*, 1984, pp. 157-194 をみよ。邦語では、次を参照のこと。和田光弘「メリーランド植民地社会の展開——労働力展開を軸として」『西洋史学』一四三号、一九八六年。

(4) 26 George III, c. 89.

(5) C. Erickson, 'Why Did Contract Labour Not Work in the Nineteenth Century United States?', in S. Marks & P. Richardson, eds., *Studies in International Labour Migration*, 1983, pp. 34 ff.

(6) D・デフォー、上掲邦訳、三二八頁。訳文変更。

(7) J. Massie, *A Plan for the Establishment of Charity Houses for exposed or deserted Women and Girls* . . . , 1758, p. 16.

(8) E. P. Thompson, 'Mayhew and the Morning Chronicle', in Thompson & E. Yeo, eds., *The Unknown Mayhew*, 1971, pp. 24 ff.

なお、とくに注にはあげなかったが、本稿執筆にあたっては、年季奉公人にかんする次の文献をも参照した。いずれも重要なものなので、特記しておく。

P. C. Emmer, ed., *Colonialism and Migration: Indentured Labour Before and After Slavery*, 1986.

H. A. Gemery, 'Emigration from the British Isles to the New World, 1630–1700: Inferences from Colonial Populations,' *Research in Economic History*, vol. 5, 1980.

D. W. Galenson, 'The Rise and Fall of Indentured Servitude in the Americas: An Economic Analysis,' *Jour. of Econ. Hist.*, vol. XLI, 1984.

あとがき

一九八八年の初冬だったかと思うが、入植二百周年を祝ったばかりのオーストラリアから一団の人びとがイギリスを訪れた。第二次世界大戦終結の前後に、労働力としてイギリスからオーストラリアに送り込まれた戦災孤児たちが、中年に達したいま、自己のアイデンティティを求めて祖国を訪ねたのだ、と新聞は伝えた。このような形で送り込まれた孤児は数千人に達したという。社会問題を海外に「押し出そう」とする傾向は、このような時代にまで続いていたのである。この国の近代史を理解するのに、国内に視野を限定することほど不当なやり方はないように思われる。これが、本書で言いたかった第一のポイントである。

ところで、かつて『工業化の歴史的前提――帝国とジェントルマン』(岩波書店)と題する拙い一書を世に問うたことがある。本当は副題が主題になるはずであったが、諸般の事情から逆転した。その結果、一部に歴史学の書物というよりは、社会科学の書物とみられ、いくつか思いがけない批評をいただくことにもなった。「思いがけない」というのは、これが経済発展のジェネラル・セオリーを求めたものであるという前提でなされた批評が少なくなかったことである。一九世紀的な歴史哲学にこだわっていうのでは毛頭ないが、意識するとしないとにかかわらず、つねに他との違い、つまり個別性の摘出に執心してきた文学部育ちの自分をあらためて発見させられたのである。「工業化は、なぜまずイギリスにおこったのか」という問題設定そのものが、イギリスの特異性を強調しがちで、たとえば、フランスにも日本にも共通する工業化の要因といったものには、比較的関心を払いにくくするものであった。

「帝国とノン・ジェントルマン(民衆)」をテーマとし、純経済史的な話題を敢えて避けた本書も、やはり、「特殊イギリス的」なファクターの摘出を目的としており、必ずしも他の諸国の歴史にも適用できる「通則」を求めているわけではない。社会史にも、「一般法則」を求めるようなタイプの研究が当然ありえよう。しかし、近代のイギリス史はそれ自体ひとつの世界史であるだけに、本書のようなスタイルの作品もまた、われわれにとって一定の意味をもちうるだろうと思う。また、広義の社会史的な研究は、わが国でも大いに定着したが、西洋人があまり取り上げていないテーマに取り組んだ例があまりないことも事実である。その意味で、イギリス人自身が比較的注目しない問題を取り上げてみたいと思ったことも、本書執筆の重要な動機であった。

もうひとつ、永年の研究会の成果として、『路地裏の大英帝国』(平凡社)なる論集を角山栄先生と共に編んだことがあったが、残念ながらその時点では、刺激的なそのタイトルに応じた内容の実体は必ずしも示せなかった。その書物自体は、幸いにして多くの読者に迎えられたものの、内容的には、路地裏はあっても帝国はなかったと自省している。このことはかねて気懸りであったので、今回少しでもその責任が果たせたとすれば、最高の幸せである。本書の執筆にあたっては、次の各図書館・文書館を利用することができた。

大英図書館(同古文書部)、中央公文書館(キュウ)、グレイター・ロンドン古文書館兼図書館、ロンドン市自治体古文書館、ギルドホール図書館、ロンドン大学付属各図書館(とくにLSE図書館・古文書部、セネト・ハウスの中央図書館・ゴールドスミス文庫、および歴史研究所、SOAS図書館)。

巻末に史料・参考文献の一覧を付ける予定でいたが、細々とではあれ、一〇年ほどの歳月をかけてきた仕事だけに、網羅的なものをつくろうとすると、ちょっと収拾がつきにくいことがわかったので、全面的にカットした。利用したすべての史料や文献を注記しているわけでも毛頭ないので、いささか残念な感じもするが、書物全体を比較的読みやすいものにするためには、それもやむをえなかった。

なお、今回もまた、岩波書店編集部の中川和夫氏にはたいへんお世話になった。記して感謝の意を表する次第である。

一九九〇年七月一日　長岡京にて

川　北　稔

岩波現代文庫版あとがき

本書は、イギリス帝国の形成期にイギリスからアメリカに渡った人びとの、移動の動機や事情を考察することで、近世イギリス社会における庶民の生活と生涯を描いたものである。宗教の自由を希求した、独立不羈の中流階級からなるピューリタンたちが、意気揚々とアメリカにむかったとするような、あまりにも現実離れしたアメリカ建国にかかわる神話を払拭する目的もなくはないが、それはあくまで副次的である。

一七・八世紀のイギリス民衆は、賑やかな都会のアメリカに移住したのではない。生き残ることが可能かどうかも定かではない、ほとんど未知の土地に赴いたのである。そこには、よほどやむをえない理由がなければならないことはいうまでもない。とすれば、彼らの生活史的背景は、どのようなものであったのか。これが本書の主な内容をなしている。

イギリス史研究者としての四〇年ほどの生活を振り返ってみると、読者の方々に文えられて、かなりの著作を世に問うことができたことは、何にもましてありがたいことであった。なかでも、一九九〇年に初版の出た本書は、読み物としても、学術書としても、私の研究生活で最も自信のある一書だとひそかに信じてきた。しかし、丹念に読んでいただいた一部の専門家仲間には大変好評であったし、一般にもそこそこ読んでもらうことはできたが、思ったほど広い読者層には浸透しなかった嫌いがある。史料解説からはじまるライティング・スタイルが原因であったかもしれない。

このため、今回再版にあたっては、章のタイトルなどを少し修正して、多少ともよりリーダブルなものにしたつもりである。また、補論としてつけていたジェントルマン資本主義論にかんする一文は、その議論がすでにひろく知られていることに鑑みて、今回はカットした。

近世イギリス社会の庶民のライフサイクルとライフスタイルそのものが、イギリス帝国形成のマンパワーを引き出すことになったのだという本書の主張は、いまもまったく正しいと思っているし、この国が何世紀にもわたって社会問題、経済問題を植民地を中心とする「海外に掃き出す」かたちで処理してきたことも、間違いない。他方では、帝国植民地、ないし世界システムの「周辺」における、膨大な労働力需要があって、こうした歴史は動いたのである。したがって、この一書には、それまで私が細々とではあるが取り上げてきた近世イギリス社会の諸問題を、凝縮させることができたつもりである。

また、この書物は、私の近世史研究としてみれば、より一般的な出版形態をとって、ウェールズ王子マドックの神話を素材として、領有権問題を扱った『アメリカは誰のものか』(NTT出版)と対をなしている一面もあるので、そちらにも関心を持っていただけると幸甚である。

一九六〇年前後に西洋史の研究生活に入った私たちにとって、この四〇年間は、激変の時代であった。信じられないかもしれないが、四〇年まえには、コピーというものがなかった。イギリスに行くことは至難で、現地を知らないで大学の教壇に立っているイギリス史の先生方も珍しくはなかった時代である。マイクロ・フィルムもむろんなかったので、原史料を読むということもまずありえなかった。しかし、いまでは、現地で手書き文書をみて書いたという学部生の卒論をみても、それほどの驚きはない。言い換えると、日本の西洋史学は、ようやく「学」になれたということかもしれない。

ただ、このような事情から、私たちの世代は、手稿の読み方など習ってもいないのに、それを講じる必要に迫られるという厳しい状況に追い込まれたともいえる。他方、いまでは、イギリスの研究者に師事して、史料を読む技術をならってくる若者は枚挙に暇がないが、その反面、独自の問題をもっている日本人はあまりいないようにもみえる。この現状をみると、日本人の「イギリス古文書学者」が少数残るだけで、イギリス史研究というものは、わが国の大学から消滅する日もそう遠くはないのではないかとも危惧する。

本書は、ご覧のとおり、問題設定から、イギリス人の仕事に拘泥せず、独自に史料調査を行ったうえ、ほとんど原史料そのものから起こして統計を作成し、記述した。そもそもイギリス人には、本書のような問題設定はよほどしにくいもののようであるし、アメリカ人にとっては、先祖のルーツ探しに陥ってしまう危険がつよいだけに、日本人のほうが比較的客観的に扱いうるように思われたのである。

なお、文書館や資料館の組織変更にともなって、史料の表記が多少変わっているものもあるが、ここでは初版の表記を維持した。また、本書で主に扱った一八世紀の出国者調査に先立つ一七世紀のそれについて考察を加えた拙文(前川和也編、ミネルヴァ書房)があるが、未刊行である。さらに、本書の初版刊行後に出た業績で、是非とも参照されるべきものとして次の一書がある。

A. Games, *Migration and the Origin of the English Atlantic World*, Harvard University Press, 1999.

現代文庫版上梓にあたって、この書物がより広い範囲の読者の実にふれることを期待する次第である。

二〇〇八年六月

川北　稔

本書は一九九〇年九月、岩波書店より刊行された。

民衆の大英帝国──近世イギリス社会とアメリカ移民

2008年11月14日 第1刷発行
2024年1月25日 第2刷発行

著 者 川北《かわきた》 稔《みのる》

発行者 坂本政謙

発行所 株式会社 岩波書店
〒101-8002 東京都千代田区一ツ橋 2-5-5

案内 03-5210-4000 営業部 03-5210-4111
https://www.iwanami.co.jp/

印刷・精興社 製本・中永製本

ISBN 978-4-00-600204-6 Printed in Japan

岩波現代文庫創刊二〇年に際して

二一世紀が始まってからすでに二〇年が経とうとしています。この間のグローバル化の急激な進行は世界のあり方を大きく変えました。世界規模で経済や情報の結びつきが強まるとともに、国境を越えた人の移動は日常の光景となり、今やどこに住んでいても、私たちの暮らしは世界中の様々な出来事と無関係ではいられません。しかし、グローバル化の中で否応なくもたらされる「他者」との出会いや交流は、新たな文化や価値観だけではなく、摩擦や衝突、そしてしばしば憎悪までをも生み出しています。グローバル化にともなう副作用は、その恩恵を遥かにこえていると言わざるを得ません。

今私たちに求められているのは、国内、国外にかかわらず、異なる歴史や経験、文化を持つ「他者」と向き合い、よりよい関係を結び直してゆくための想像力、構想力ではないでしょうか。

新世紀の到来を目前にした二〇〇〇年一月に創刊された岩波現代文庫は、この二〇年を通して、哲学や歴史、経済、自然科学から、小説やエッセイ、ルポルタージュにいたるまで幅広いジャンルの書目を刊行してきました。一〇〇〇点を超える書目には、人類が直面してきた様々な課題と、試行錯誤の営みが刻まれています。読書を通した過去の「他者」との出会いから得られる知識や経験は、私たちがよりよい社会を作り上げてゆくために大きな示唆を与えてくれるはずです。

一冊の本が世界を変える大きな力を持つことを信じ、岩波現代文庫はこれからもさらなるラインナップの充実をめざしてゆきます。

（二〇二〇年一月）

G462
排除の現象学
赤坂憲雄

いじめ、ホームレス殺害、宗教集団への批判――八十年代の事件の数々から、異人が見出され生贄とされる、共同体の暴力を読み解く。時を超えて現代社会に切実に響く、傑作評論。

G463
越境する民
近代大阪の朝鮮人史
杉原達

暮しの中で朝鮮人と出会った日本人の外国人認識はどのように形成されたのか。その後の研究に大きな影響を与えた「地域からの世界史」。

G464
越境を生きる
ベネディクト・アンダーソン回想録
ベネディクト・アンダーソン
加藤剛訳

『想像の共同体』の著者が、自身の研究と人生を振り返り、学問的・文化的枠組にとらわれず自由に生き、学ぶことの大切さを説く。

G465
我々はどのような生き物なのか
―言語と政治をめぐる二講演―
ノーム・チョムスキー
福井直樹
辻子美保子編訳

政治活動家チョムスキーの土台に科学者としての人間観があることを初めて明確に示した二〇一四年来日時の講演とインタビュー。

G466
ヴァーチャル日本語 役割語の謎
金水敏

現実には存在しなくても、いかにもそれらしく感じる言葉づかい「役割語」。誰がいつ作ったのか。なぜみんなが知っているのか。何のためにあるのか。〈解説〉田中ゆかり

G467
コレモ日本語アルカ？
―異人のことばが生まれるとき―
金水　敏

ピジンとして生まれた〈アルヨことば〉は役割語となり、それがまとう中国人イメージを変容させつつ生き延びてきた。〈解説〉内田慶市

G468
東北学／忘れられた東北
赤坂憲雄

驚きと喜びに満ちた野辺歩きから、「いくつもの東北」が姿を現し、日本文化像の転換を迫る。「東北学」という方法のマニフェストともなった著作の、増補決定版。

G469
増補 昭和天皇の戦争
―「昭和天皇実録」に残されたこと・消されたこと―
山田　朗

平和主義者とされる昭和天皇が全軍を統帥する大元帥であったことを「実録」を読み解きながら明らかにする。〈解説〉古川隆久

G470
帝国の構造
―中心・周辺・亜周辺―
柄谷行人

『世界史の構造』では十分に展開できなかった「帝国」の問題を、独自の「交換様式」の観点から解き明かす、柄谷国家論の集大成。佐藤優氏との対談を併載。

G471
日本軍の治安戦
―日中戦争の実相―
笠原十九司

治安戦(三光作戦)の発端・展開・変容の過程を丹念に辿り、加害の論理と被害の記憶からその実相を浮彫りにする。〈解説〉齋藤一晴

2024. 1